交通运输与经济发展研究

李宝臣 武艳 杨晓 著

辽宁大学出版社 沈阳

图书在版编目（CIP）数据

交通运输与经济发展研究 / 李宝臣，武艳，杨晓著.
沈阳：辽宁大学出版社，2024.12. -- ISBN 978-7
-5698-1853-6

Ⅰ.F512.3

中国国家版本馆CIP数据核字第2024X7Q082号

交通运输与经济发展研究
JIAOTONG YUNSHU YU JINGJI FAZHAN YANJIU

出 版 者：	辽宁大学出版社有限责任公司
	（地址：沈阳市皇姑区崇山中路66号　邮政编码：110036）
印 刷 者：	沈阳市第二市政建设工程公司印刷厂
发 行 者：	辽宁大学出版社有限责任公司

幅面尺寸：170mm×240mm

印　　张：14.75

字　　数：230千字

出版时间：2024年12月第1版

印刷时间：2025年1月第1次印刷

责任编辑：李珊珊

封面设计：高梦琦

责任校对：郭宇涵

书　　号：ISBN 978-7-5698-1853-6

定　　价：88.00元

联系电话：024-86864613
邮购热线：024-86830665
网　　址：http://press.lnu.edu.cn

前　　言

在人类社会的发展历程中，交通运输业始终扮演着至关重要的角色。它不仅是连接各地域、促进文化交流的桥梁，更是推动经济增长、实现社会进步的关键力量。随着全球经济一体化进程的加速及信息技术的迅猛发展，交通运输业面临着前所未有的机遇与挑战。在此背景下，《交通运输与经济发展研究》一书应运而生，旨在深入探讨交通运输业的基本理论、经济需求分析预测、物流与交通运输经济、交通运输与旅游经济融合、行业与企业管理以及可持续发展等多个方面，为相关领域的研究者、从业者提供理论指导与实践参考。

本书首先从基础理论出发，对交通运输业进行了全面的概述。通过阐述交通运输的基本概念、功能及其在现代社会中的重要性，帮助读者建立起对这一领域的基本认识。接着，深入分析了交通运输与经济发展的关系，探讨了如何通过优化交通网络布局、提升服务质量等手段来促进区域乃至国家层面的经济增长。同时，书中还特别关注了交通运输规划的重要性，强调科学合理的规划对于实现资源有效配置、提高经济效益具有不可替代的作用。随后，本书转向对交通运输经济需求的分析与预测。通过对运输需求的定义、形成机理及影响因素的系统梳理，结合实际案例进行深入剖析，不仅有助于理解当前市场需求的变化趋势，也为未来政策制定提供了科学依据。此外，针对不同运输方式的技术经济特征进行了细致比较，进一步探讨了物流在整个国民经济体系中的地位与作用，以及物流环节中交通运输经济的具体表现形式。进入第四章，本书将视角转向了交通运输与旅游经济的融合发展。旅游业作为现代服务业的重要组成部分，其发展水平直接影响到一个地区的形象塑造和综合竞争力。因此，如何通过改善交通条件、创新服务模式等方式加强两者之间的互动合作，成为了本章讨论的核心议题。第五章则聚焦于交通运输行业的管理和企业运营，从宏观调控到微观操作，全方位地介绍了行业管理与控制、企业过程管理及计划调度等方面的知识点，为提高整个行业的运行效率和服务质量提出了切实可行的建议。最后，本书着眼于交通运输的可持续发展问题。面对日益严峻的资源环境压力，如何在保障经济社会持续健康发展的同时，实现对自然资源的有效保护，成为了一个亟待解决的重大课题。为此，本书不仅探讨了智能交通新技术的应用前景，还重点关注了"互联网＋"新业态对传统交通运输模式带来的变革影响，力求从多角度、多层次上为构建绿色、低碳、智慧的交通运输体系贡献力量。

总之，《交通运输与经济发展研究》不仅是一本理论与实践相结合的专业著作，更是一部面向未来的探索指南。希望通过本书的出版，能够激发更多学者和专业人士投身于交通运输领域的研究与实践中，共同推动这一重要产业向着更加健康、可持续的方向发展。

作　者

2024 年 8 月

目 录

前　言 ……………………………………………………………… 1

第一章　交通运输业的基础理论 ………………………………… 1
 第一节　交通运输业的概述 …………………………………… 1
 第二节　交通运输与经济发展 ………………………………… 9
 第三节　交通运输规划 ………………………………………… 19

第二章　交通运输的经济需求分析预测 ………………………… 27
 第一节　运输需求概述 ………………………………………… 27
 第二节　运输需求分析 ………………………………………… 36
 第三节　运输供给分析 ………………………………………… 44
 第四节　运输需求量预测 ……………………………………… 53

第三章　物流与交通运输经济 …………………………………… 72
 第一节　各种运输方式技术经济特征分析 …………………… 72
 第二节　物流在国民经济中的地位与作用 …………………… 90
 第三节　物流环节的交通运输经济 …………………………… 98

第四章　交通运输与旅游经济融合发展 …… 110

第一节　交通运输服务与旅游融合 …… 110
第二节　交通与旅游融合发展的机制与路径 …… 119

第五章　交通运输行业与企业管理 …… 135

第一节　交通运输行业管理与控制 …… 135
第二节　交通运输企业过程管理 …… 150
第三节　交通运输企业计划与调度管理 …… 159

第六章　交通运输的可持续发展 …… 171

第一节　交通运输可持续发展概述 …… 171
第二节　交通运输中的环境保护 …… 181
第三节　交通运输可持续发展的资源环境 …… 189

第七章　交通运输新业态 …… 203

第一节　智能交通新技术 …… 203
第二节　互联网＋新业态 …… 214

参考文献 …… 225

第一章　交通运输业的基础理论

第一节　交通运输业的概述

一、交通运输业的发展概述

(一) 运输的定义

"运输"一词在日常生活、专业领域等方面应用十分广泛。运输是人和物的载运和输送，即运输是借助于一定运力实现人和物进行空间位移的一种经济活动和社会活动。

运输是人类社会的基本活动之一，是我们每个人生活中的重要组成部分，也是现代社会经济活动中不可缺少的重要内容。人类社会由散乱走向有序，由落后迈向文明，运输发挥了不可估量的重要作用。运输已经渗透到人类社会生活的各个方面，并且成为最受关注的社会经济活动之一。

人类社会发展史中的每一个重要进程或重要事件，几乎都与运输有关。中国古老灿烂的文化与黄河、长江密切相连，水上运输为黄河、长江两岸的经济发展和文化传播奠定了最重要的物质基础。丝绸之路是古老的中国走向世界的一条漫漫长路，它传播了不同国家和地区的商品及文化，成为沟通中国与西方各国的一条重要的纽带。古埃及的强大与尼罗河息息相关，是尼罗河把整个埃及连在一起，为它在商品运输、信息交流、文化传播方面提供了极大方便。世界奇观金字塔的修建，离开了运输是不可想象的。

机械运输业的出现，对经济发展和社会进步产生了更大的影响。

（二）运输业的形成

运输业是商品经济发展的产物。从整个人类社会看，运输劳动从生产过程中分离，到形成一个独立的产业部门，经历了漫长的历史过程。运输业的形成与商品生产、商品流通的发展密切相关。流通领域中的运输需求直接来源于商品交换的需要，商品交换与商品运输互为条件，相辅相成。商品交换规模和范围的扩大，引起运输规模和范围的扩大，客观上要求运输劳动独立化、专门化和社会化。在人类社会的发展中，第一次社会大分工——畜牧业同农业的分离，使商品交换成为可能。手工业同农业分离是第二次社会大分工，出现了直接以交换为目的的商品生产。第三次社会大分工，出现了专门从事商品交换的商人，使商品经济进一步发展，商品交换的规模有所扩大。然而，在以后人类社会的长期发展中，居于统治地位的是自给自足的自然经济，商品经济发展缓慢，商品交换的规模和范围都受到限制。起初，由商品交换而产生的运输活动是由商品生产者自己完成的，是为交换而运输的。其后，运输活动与商业活动结合在一起，商人主要从事商业而兼搞运输，运输成为实现商品交换的辅助手段，具有明显的依附性质。例如，在海运发展史上，就曾出现过所谓"商人船主时代"。在我国，起源于秦朝的漕运，是大宗长途的粮食水上专业运输，是很特殊的独立的官办运输形式。在封建社会中虽曾出现过船帮、车行，但均是零星和分散的。然而，流通过程中的运输活动从商业中分离出来，并形成独立的产业部门，却是生产力、商品经济发展到一定阶段的产物。这个过程，从世界范围看，大体上是在封建社会解体、资本主义产生的时期完成的。

（三）运输业的性质

运输业是从事旅客和货物运输的物质生产部门，也是公共服务业，属于第三产业。

① 物质生产性。运输生产活动是运输生产者使用劳动工具作用于劳动对象，改变劳动对象空间位置的过程。实现劳动对象的空间位移成为运输的基本效用和功能，通过改变劳动对象的空间位置，其价值和使用价值发生了变化。

②公共服务性。运输业尤其是运输基础设施，必须以服务作为前提向全社会提供运输产品，必须公平地为社会所有成员服务，不能单纯或过分突出以最大盈利为根本目标。

③政府干预性。由于运输业公共安全性的特点而导致政府对运输业的运价、运输工具、运输范围等进行高度管制，世界各国大多如此。政府的干预应尽量避免对运输均衡产生干扰，而影响市场机制的作用。

④系统性。在经济、贸易、金融等全球化的今天，交通的全球化首当其冲，而且是一切全球化的载体之一。系统性不仅要求国内的运输网成为一个大系统，而且要求与国际运输网交接，运输经济学称之为"空间效用"。

（四）运输业的经济特征

运输业与一般的工业部门相比较具有明显的特征，主要表现在以下几个方面：

1. 运输业生产的是无形产品，不能储存也不能转移

运输生产过程的效用，是于安全、无损条件下改变旅客或待运产品的空间位置。由这一特征所决定，在运输过程中对质量要求显得异常重要和突出，在客货运输中，必须贯彻"安全第一、质量第一"的方针，确保旅客的人身安全和货物、行包的完好无损。由于运输劳动是空间位置的变化，所以运输过程基本是在自然条件中进行，受自然环境影响很大，其设备、场所、人员流动分散，点多面广，经营管理不同于其他工农业生产部门。

2. 运输生产具有时间和空间上的不可替代性

运输生产过程和消费过程是同时进行的。该特点决定了运输生产只能在生产过程中被消费，运输生产越多，消费就越多。一个地区一段时间内多余的运力，不能补充另一地区在某段时期内运输能力的不足。如果运输需求不足，运输供给就应相应减少，否则就会造成严重的浪费。科学的综合运输规划是指导运输生产的重要依据，为此必须加强运输的科学预测和运量调查。

3. 运输是国民经济的基础结构

运输是国民经济的基础结构，是扩大再生产的最重要条件之一，运输规模是社会经济的基本比例之一。

①某种运输方式一旦建成，就会产生交通（运输）效应。交通（运输）效应是指交通行为作用于社会和国民经济各部门所产生的社会经济变化。它包括物质传输效应、集聚诱发效应、时空效应、经济连锁循环效应和社会（国家）管理效应，即引起国民经济各部门生产要素的集聚，从而形成社会生产力；诱发潜在生产能力的发挥，扩大社会再生产；实现国民经济各部门的商品生产和交换，完成其再生产过程；缩小地域空间；相对延长工作和休息时间；增加社会再就业，产生生产和消费的经济连锁循环递增现象；实现社会（国家）的行政管理和巩固国防；促进信息传递、文化交流和人员往来等，从而为整个社会经济的发展奠定基础。

②商品经济越发达，生产对流通的依赖性越大，铁路等运输行业的作用也越突出，应优先超前发展。在国家工业化初级阶段，单位产值要求的运输量大，大宗、长距离的原料、燃料和半成品运输构成了货运的主体，此时期铁路的较大发展不可避免。

对于生产领域的农业来讲，美国和德国的调查表明，在农业的产外作业中，运输量占一半以上；对林业采伐作业来讲，80%以上是运输作业；对采掘业来讲，基本靠运输作业，因为该行业的本质是运输业；对加工工业来讲，只有依靠运输才能进行生产、输入原材料、输出制成品。对流通领域的国内和国际贸易来讲，更是依靠运输，我国商品流通费中1/3是运输费用，经济发达国家商品流通费中运输费用一般在1/2以上。上述事实证明，国民经济各部门之间和部门内部的空间与时间联系，完全依赖于运输业的功能才能实现。所以，运输业在国民经济中的地位犹如农业在社会和国民经济中的地位一样，是国民经济的主要基础之一。

③国民经济的比例关系。比较传统的内容是积累和消费的比例，农业、轻工业和重工业的比例等，而很少研究和确认交通运输与社会经济发展的比例关系。一个合理的产业结构或社会生产结构，在多大规模上用多少资源去实现人和物的空间位移，应当是我们社会生产结构研究的主要内容之一，如果忽视这种研究，必然导致交通运输与国民经济的比例失调，必然制约我国国民经济发展的规模和速度。现在社会生产实践向我们提出：交通运输与社

会经济发展的比例关系,应当是社会生产结构的基本比例关系之一。

④运输生产既创造价值,也创造使用价值

在理论上,对于运输业不仅要强调它的物质生产属性,还应重视它的服务属性及国防功能。运输产品的非实体性和非储备性,使得运输业为社会提供的不是新的物质产品,而是在物质商品的使用价值上并不留下任何可见痕迹的"效用",这种效用既可供个人消费,又可以将其追加价值转移到商品本身上去,促使物质使用价值的形成以及新环境中使用价值的实现。

二、运输的原理与作用

(一) 运输的基本原理

1. 规模经济

规模经济的特点是装运规模的增长使每单位的运输成本下降。运输规模经济之所以存在,是因为有关的固定费用可以按整批货物的重量分担。有关的固定费用包括运输订单的行政管理费用、运输工具投资以及装卸费用等。规模经济使得货物的批量运输显得合理。

2. 距离经济

距离经济的特点是每单位距离的运输成本随运输距离的增加而减少。距离经济的合理性类似于规模经济,尤其体现在运输装卸费用的分摊上。距离越长,可使固定费用分摊后的值越小,导致每单位距离支付的总费用很小。

3. 运输作业的关键因素

从企业物流管理的角度来说,成本、速度和一致性是运输作业的三个至关重要的因素。

①运输成本。运输成本是指为两个地理位置间的运输所支付的款项以及管理和维持转移中存货的有关费用。物流系统的设计应该利用能把系统总成本降低到最低限度的运输,这意味着最低费用的运输并不一定导致最低的物流总成本。

②运输速度。运输速度是指为完成特定的运输作业所花费的时间。运输速度和成本的关系,主要表现在两个方面:首先,运输商提供的服务越是快

速,他实际需要收取的费用也就越高。其次,运输服务越快,转移中的存货就越少,可利用的运输间隔时间越短。在选择最合理的运输方式时,至关重要的问题就是如何平衡其服务的速度和成本。

③运输的一致性。运输的一致性是指在若干次装运中履行某一特定的运输所需的时间与原定时间或与前几次运输所需时间的一致性。运输一致性是运输可靠性的反映。多年来,运输经理已把一致性看作高质量运输的最重要特征。运输的一致性会影响买卖双方承担的存货义务和有关风险。

(二)运输的作用

1. 运输有利于开拓市场

早期的商品交易往往被选择在人口相对密集、交通比较便利的地方。在依靠人力和畜力进行运输的年代,市场位置的确定在很大程度上受人和货物可及性的影响。一般来说,交通相对便利、人和货物比较容易到达的地方会被视为较好的商品交换场所。久而久之,这个地方就会变成一个相对固定的市场。当市场交换达到一定规模后,人们就会对相关的运输条件进行改进,运输费用将不断降低。运输费用降低,会使得市场的吸引力范围扩大,由此,运输系统的改善既扩大了市场区域范围,又加大了市场本身的交换规模,运输经济学称之为"空间效用"。

运输在开拓市场过程中不仅能创造出明显的"空间效用",也具有明显的"空间效用"。高效率的运输能够保证商品在市场需要的时间内适时运到,从而创造出一种"空间效用",繁荣市场。按照拉德纳定律,潜在的市场范围的扩大为运距或速度扩大倍数的平方。

2. 运输有利于刺激市场竞争

运输费用是所有商品市场价格的重要组成部分,商品市场价格的高低在很大程度上取决于它所含运输费用的多少。运输系统的改革和运输效率的提高,有利于降低运输费用,从而降低商品价格。运输费用的降低可以使更多的产品生产者进入市场参与竞争,也可以使消费者得到竞争带来的好处。另外,运输与土地运用和土地价格之间存在密切的关系。运输条件的改善可以使运输延伸到的地区的土地价格增值,从而促进该地区的市场繁荣和经济发展。

3. 运输有利于资源优化配置

根据比较优势原则，运输能够促进生产劳动的地区分工，促使资源在各地区间优化配置。在劳动的地区分工出现后，市场专业化的趋势也会逐渐显露，这就使某一个地区的市场在产品的销售上更加集中在某一类或某几类产品上。市场专业化将大大减少买卖双方在收集信息、管理等方面的成本支出，减少市场交易费用。

4. 运输有利于劳动的地区分工和市场专业化

运输有利于生产劳动的地区分工，一个较为简单的情形是：假设 A、B 两地各生产某种产品（a 和 b），A 地生产产品 a 的成本较低，因此价格低廉，而 B 地生产产品 b 的耗费也相对较低，同样能以较低的价格出售。在这种情况下，每一地区生产它最适宜生产（劳动耗费低）的货物并相互交换是对双方都有利的事情。但如果 A、B 间的运输费用非常高，以至于抵消了专门从事该种产品的生产和交换所能得到的利益，那么两地间的交换就不会发生，结果是 A、B 两地都必须拿出一部分土地、劳动力和资金来投入到对方生产成本较低的那种产品的生产中。这时，运输就成了地区劳动分工和贸易的障碍。然而，当 A、B 两地间存在高效、廉价的运输后，这个障碍就会被解除。由此，根据比较利益原则，运输能够促进生产劳动的地区分工。

（三）运输在物流中的地位

运输是物流的支柱。一说到物流，人们就会认为"那是运输产业"。物流过程中的其他各项活动，诸如包装、装卸搬运、物流信息情报等，都是围绕着运输而进行的。运输是物流过程中各项业务活动的中心活动。可以说，在科学技术不断进步、生产的社会化和专业化程度不断提高的今天，一切物质产品的生产和消费都离不开运输。物流合理化，在很大的程度上取决于运输的合理化问题。在物流过程的各项业务活动中，运输是关键，起着举足轻重的作用。一是运输成为物流的动脉系统；二是运输是创造物流空间效用的环节；三是运输降低了物流费用，提高物流速度，成为发挥物流系统整体功能的中心、环节；四是运输加快了资金周转速度，降低了份金上用时间，是提高物流经济效益和社会效益的重点所在。

在物流过程中，直接耗费劳动和物化劳动等这些劳动的综合称为物流总成本。物流总成本主要由运输成本、保管成本和管理成本构成。其中，运输成本所占的比重最大，是影响物流成本的一项重要因素。在物流各环节中，如何搞好运输工作，开展合理运输，不仅关系到物流时间占用的多少，而且会影响到物流费用的高低。不断降低物流运输成本，对于提高物流经济效益和社会效益，都起着重要的作用。所谓物流的"第三个利润的源泉"，其意义也在于此。

（四）运输决策的参与者

运输决策的参与者除了托运人（起始地）、收货人（目的地）和承运人以外，还有政府与公众。

1. 托运人与收货人

托运人（一般是货物的卖方）和收货人（一般是买方）关心的是在规定的时间内以最低的成本将货物安全地从起始地转移到目的地。运输服务中应包括具体的提取货物和交付货物的时间、预计转移的时间、零灭失损失以及精确和合时地交换装运信息和签发单证。

2. 承运人

承运人作为中间人，其目的与托运人和收货人多少有点区别，他期望以最低的成本完成所需的运输任务，同时获得最大的运输收入。这种观念表明，承运人想要按托运人（或收货人）愿意支付的最高费率收取运费，使转移货物所需要的劳动、燃料和运输工具成本最低。要实现这一目标，承运人就得在提取和交付时间上有灵活性，以便于能够使个别的装运整合成经济运输批量。

3. 政府

由于运输对经济的影响，所以政府要维持交易中的高利率水平。政府期望一种稳定而有效率的运输环境，以使经济能够持续增长。运输能够使产品有效地转移到全国各市场中去，并促使产品按合理的成本获得。

稳定而有效率的商品经济需要承运人提供有竞争力的服务，同时有利可图。与其他商品企业相比,许多政府更多地干预了承运人的活动,这种干预往往采取规章、促使或拥有等形式。政府通过限制承运人所能服务的市场或确定他们所能采取的价格来规范他们的行为;政府通过支持研究开发或提供诸如公路或航空交通控制系统之类的通行权来激发承运人的积极性。在西方一些发达国家,某些承运人为政府所拥有,政府对市场、服务和费率保持绝对的控制,这种控制权使政府对地区、行业或厂商的经济成功具有举足轻重的影响。

4. 公众

公众是最后的参与者,关注运输的可达性、费用和效果以及环境和安全上的标准。公众通过合理价格产生的对周围的商品需求最终确定运输需求。尽管最大限度地降低成本对于消费者来说是重要的,但与环境和安全标准有关的交易代价也需要加以考虑。既然要把降低环境风险或运输工具事故的成本转嫁到消费者身上,那么他们必然会共同参与对运输的安全感做出判断。

显然,由于各方之间的相互作用,使得运输关系很复杂,而这种复杂性会导致托运人、收货人和承运人之间频繁的冲突。

第二节 交通运输与经济发展

一、运输业的一般意义与影响

运输业负责完成社会经济生活中人与货物的空间位移,它具有多方面的意义和影响。空间位移量的增加与人类自身的完善和成熟,与经济水平及生活质量的提高过程是一致的。交通运输的发展促进了不同地区之间人员和物质的流动,有助于促进在语言、观念、习俗等方面差异很大的各民族打破各自的隔绝状态,进行文化意识交流,从而鼓励在饮食、卫生、教育、艺术、科技和一般生活方式上的互相交融,推进社会进步。

在政治方面,良好的交通运输条件使广阔地理区域上的政治统一成为可能。历史学家认为,是尼罗河的航运使古埃及在很多世纪以前就已经达到高度的文明；古罗马的建立则应归功于它早期形成的公路系统。

人类始终在不遗余力地扩大、提高和完善在空间位移方面的本领，人与货物空间位移的水平一向反映着人类克服自然阻力的能力。交通运输有力地推动了技术进步，在不断提高人与物位移能力的斗争中，运输进一步联系和代表着未来的各种新技术、新能源、新材料。有人总结说，历史上任何具有革命性的现代运输技术，都是依靠世界上最强大的经济力量支持才出现的。例如，近年超导研究上取得了一些突破性进展，人们马上指出，超导技术可以用来建设高速低耗的轨道系统，提高运输效率；又如，实现星际之间人与物位移的航天技术已经成为各国发展高技术的重点。现代科技的大量成果都被很快地应用到交通运输领域，人类文明的成果一次又一次体现在交通运输上。

运输还是国防和战争的重要因素，无论是古代还是现代，运送部队和装备的能力都是决定战争胜负的基本条件之一。在今天的国际条件下，这种能力更是与各国的工业、经济和国防力量结合在一起，在国际对抗中起着越来越重要的作用。

二、交通运输业在国民经济中的地位

（一）运输是再生产过程中的必要条件和社会生产力的组成部分

①生产领域中的生产性运输活动，是生产过程的重要组成部分。物质生产领域中的生产性运输活动，例如，工厂内通过汽车、专用铁路及其他运输设备，使生产过程中的原材料、半成品和在制品的位置移动就是生产得以进行的重要条件和环节。至于某些生产部门如煤炭、石油等部门，其生产活动在很大程度上就是运输活动。如果没有这些运输活动，工农业生产活动就无法进行。

②产品从生产过程生产出来后，必须通过运输经过分配、交换，才能到达消费领域。从生产领域到消费领域，是产品生产过程在流通领域中的继续和延长，如果没有运输这个中间环节，产品的使用价值就难以实现，社会的再生产就不可能进行，人民生活的需要也就难以满足。生产往往以运输业的

运输活动为起点，又常以运输为纽带，联结各个领域和环节，这就说明没有运输就不可能有物质资料的生产，所以运输促进了社会生产力的发展。

我国多年的经济建设实践也充分证明，发展交通运输是发展国民经济的基础和先决条件。

（二）运输保证了社会产品提供并创造了国民收入

运输虽不能创造新物质产品，不增加社会产品的总量，却是社会产品生产过程中所必需的生产劳动。属于生产过程的运输，如运输工人、运输设备直接参与物质产品的创造过程；属于流通过程的运输，则是一个必要的追加的生产过程。一方面，产品经过运输虽然其使用价值没有发生任何变化，但由于运输过程中消耗的生产资料价值及运输职工新创造的价值追加到产品的价值中去，就使产品的价值量增加了；另一方面，如果没有运输，产品的使用价值就难以实现，运输保证了社会产品提供并参与了国民收入的创造。

（三）运输确保了社会正常的生活和工作秩序

运输活动是社会赖以存在和发展的必要条件之一，特别是随着现代化社会经济的发展，如果没有相应发展的运输业，社会生产活动就无法进行，人们的正常工作和生活也会受到严重影响。现代社会的四个流动（即人流、物流、资金流和信息流）是社会运转所必需的，其中人流、物流直接由运输业完成。

虽然现代化的信息流由于通信设备的不断更新与完善，对运输部门的依赖程度已明显下降，但大量的信息载体，如信函、报刊和其他印刷品，仍需要由运输部门承运。可见交通运输在确保社会正常的生活和工作秩序等方面起着十分重要的作用。

（四）运输占用、耗费了大量的社会资源

运输业不但占用了大量的社会劳动力，而且消耗了大量的社会资源，运输费用在生产费用中占有很大比重。例如，我国火力发电工业的发电成本中，燃料的运输费用约占 1/3 以上。在商品流通费用中，比重最大的也是运输费用。在全国基本建设投资方面，运输业的固定资产投资占全社会固定资产投资比重逐年呈现上升的趋势。运输业的发展，有赖于国民经济其他部门的发展，反过来又促进其他部门的发展。

三、交通运输业对国民经济的作用

（一）促进工农业生产和整个国民经济的健康发展

运输业作为社会生产的必要条件，是保证国民经济建设正常进行的重要环节。在某种情况下，没有运输就不能进行生产活动。例如，煤炭开采出来以后，如果没有运输工具将其送入消费地区，煤炭本身的使用价值就不能实现。尤其是随着现代化大生产的发展，生产专业化与协作加强，各地区之间的经济联系更加广泛和密切，这就更需要按时将原料、燃料和半成品运往工厂，将化肥、农药等运送到农村，把成品及时送入消费地，以保证整个国民经济正常运转。

对于工农业生产部门来说，运输速度加快，运输效率提高，运输质量越好，运输成本越低，就越能缩短商品在途时间，加快流动资金周转，降低商品流通费用，从而促进经济的发展。

此外，运输有助于新资源的开发，促进落后地区的经济的开发，并能扩大原料供应范围和销售市场，最终促进社会生产力的发展。例如，中华人民共和国成立以来，随着我国西部地区一些铁路和公路干线的兴建，出现了不少新的工业基地和城市，西南和西北地区的工业总产值也有了大幅度提高。

（二）推动了生产力的合理布局，有利于提高全社会的经济效益

国家和地区的工业布局，首先要考虑原材料运进和产品运出方面所具备的交通条件。采掘工业和加工工业的布局安排是否合理，同样要分析交通条件如何，没有现代化的运输或运力不足，新的大型资源的经济开发是不可能的。运输在一定程度上能够促进生产力的合理布局。例如，兴建一个工厂、矿山，开发一处农场、牧场，修建电站、学校，设置商业购销网络，都必须考虑到交通运输的条件。上海市一百多年前不过是一个小渔村，又无矿产资源，但自从沿黄浦江建立海港后，很快就发展成为我国工业、商业最为繁荣的第一大城市。

（三）加强了各国之间政治、经济及文化等方面的交流

现代的交通网络，可把全国及我国与世界各地联成一个有机的整体，加

强了各国之间政治、经济、文化的交流往来，在满足人们旅游和物质文化生活方面起到了重要的作用。

就我国经济而言，我国的经济发展不是仅指沿海几个经济特区或发达省份的发展，不是仅指东部狭长地带的发展，也不是仅指几亿城镇居民的居住地的发展，而是应该包括全体农民在内的全国各族人民的整体物质生活与文化生活的共同发展。我国中西部的广大地区，至今还是经济欠发达地区，在一定的时间内，要使这些地区有大的改观，只靠中央政府扶持是不行的，而必须完善它们的"造血"机能，交通运输业是其"造血"所必需的机能之一。经济欠发达的地区常以交通困难或交通欠发达为特征。如果充分利用现代运输手段，可明显加快其经济的发展。

（四）扩大了对外贸易，密切同世界各国的关系

现代社会，再也不能是"自产自销"的小商品生产社会，必须将门户向世界开放，有无完善的交通系统，是门户能否真正打开的关键。改革开放以来，我国高度注重引进与利用外资兴建与完善我国的交通基础设施，随着对外开放政策的实行，以及我国国际事务活动范围的扩大，我国同世界各国在政治、经济、文化方面的交流日益频繁，关系逐步地密切起来，运输业的作用势必日益增强。

（五）增强了国家的国防实力

战时，无论武器装备何等精良，若不及时送到前线，都不可能发挥应有的作用。运输线路的通车程度，特别是铁路和汽车运输能力的大小对国防力量的加强至关重要。运输业平时确保社会经济的发展，战时则可用于国防的需要，充分保障兵力的调集，武器、弹药和给养方面的后勤支持。历史证明，大力发展运输业的建设对国防建设有着重要的作用。

（六）对区域经济发展的推动作用

交通项目的通车运营，改善了区域内及区域间的运输条件，区域社会发展的空间结构趋于更加合理，从而对区域社会发展的各个方面产生了综合影响。

人类的各种经济活动都是在一定的空间内进行的。社会经济空间是社会

经济活动中物质、能量、信息的数量及行为在地理范畴中的广延性存在形式,即其形态、功能、关系和过程的分布方式和分布格局同时在有限时段内的状态。社会经济活动的空间结构,是一定区域范围内社会经济各组成部分的空间位置关系以及反映这种关系的空间集聚程度和规模。从区域开发与区域发展的大量实例中可以看出,空间结构在区域经济社会发展中的影响是非常突出的,是区域发展状态本质反映的一个重要方面,是从空间分布、空间组织的角度考察、辨认区域发展状态和区域社会经济有机体的罗盘。

区域经济学中的空间决定论认为,要使一个区域获得大规模开发和迅速发展,必须首先发展交通和通信网,即空间一距离可达性对区域经济发展具有先决性。这一理论明确指出交通基础设施在区域经济发展中所具有的重要地位。交通基础设施的影响和作用可以进一步通过区域科学中的引力模型来解释:交通设施的便利降低了两地之间往来的运输成本(包括货币或时间),从而提高了区域内潜在目的地的空间可达性(或吸引力),促进了区域中各种社会经济活动在空间中的相互作用。当一个区域具备这种区位优势时,就会产生一种引力,有可能把相关企业和生产力要素吸引过来,在利益原则的驱动下,形成产业布局上的相对集中和聚集,从而促成该地区经济的发展。这种引力就称为区位优势。

交通运输普遍存在于人类的社会经济活动中,它为经济活动提供空间联系的环境,区域社会经济系统中经济要素的排布、经济活动的空间格局和基本联系,都首先要依靠交通运输,以运输网为基础形成经济活动的地域组织。运输网的不断加强、扩展和综合化,加上其他方面的基础设施,再加上商业关系、金融关系和企业之间的分工协作及集团化联系等,就构成了现代经济空间结构变化的基础。交通运输是社会经济空间形态形成和演变的主要条件之一。在经济生活的一切创造革新中,运输工具的革新在促进经济活动和改变工业布局方面,具有最普遍的影响力。

交通运输对区域经济社会发展的巨大作用在于:通过提高区域的空间可达性(所谓空间可达性,是指一个区域与其他有关区域进行物质、能量、人员等交流的方便程度。其内涵是区域内部及区域之间社会经济联系的方便程度），可以改善区域社会经济空间结构的合理性，增强区域内部以及区域之间社会经济的有机联系，促进区域社会经济的协调发展。现代经济发展的历程也表明，从空间分布的角度看，现代经济的发展总是首先在运输资源相对丰富的地区或区域形成增长极。经济增长极之间通常存在较强的相互作用，并在它们之间形成"经济场"，从而对它们之间的地区和其他地区产生经济极化作用，带动整个经济更有效与更有序地发展。

四、交通建设项目对宏观经济增长的影响

投资与经济增长之间存在着一种相互促进、相互制约的密切关系。一方面，经济增长是投资得以扩大的基础，投资的来源离不开国民经济的增长，投资多少以及投资在国民收入中所占的比重都受国民经济增长水平的制约。另一方面，投资增长是经济增长的必要前提，在一定的科学技术水平和有限的资源条件下，经济增长速度在相当大的程度上取决于投资的多少及其增长率。

投资通过其需求效应来拉动经济增长，在投资生产活动中需要直接和间接消耗各个部门的产品，使投资需求增加，并且在投资生产活动中因国民收入增加还将引起消费或股份需求的不断增加，这就导致最终需求的增加，引起对经济的拉动作用。投资又通过其供给效应来推动经济增长，所谓投资供给，是指交付使用的固定资产，既包括生产性固定资产，又包括非生产性固定资产。生产性固定资产的交付使用，直接为社会再生产注入新的生产要素，增加生产资料供给，为扩大再生产提供物质条件，直接促进国民经济的增长；非生产性固定资产则主要通过为劳动者提供各种服务和福利设施，间接促进经济增长。

投资具有创造需求和创造供给的双重功能。从这个角度考察，高速公路项目对国民经济的拉动作用大体上可以分为两个部分，一部分是需求效应，指公路投资活动本身对增加国内生产总值、扩大有效需求、拉动经济增长的作用；另一部分是供给效应，指公路建成通车后，由于通行能力增加和行车条件改善，带来运输费用降低、客货在途时间节约、交通事故减少等由公路使用者直接获得的经济效益,特别是推动公路运输业发展、提高综合交通运输体系效率,以及因区域交通条件改善和区位优势增加,通过不同途径对区域内社会发展产生的促进作用。后者较前者来讲,对经济发展的促进作用更大,持续时间更长,涉及范围更广。

交通运输基础设施建设投资对国民经济的拉动作用首先表现在它对GDP(国内生产总值)的计算产生了很大的影响。在我国,计算GDP一般采用支出法和收入法。根据支出法计算GDP时,包括一定时期内最终由居民消费、政府支出所购买及使用的产品和劳务价值额、企业投资所形成的资本形成额(等于固定资本和存货)及净出口。交通运输基础设施属于社会基础设施,也即属于最终产品,应计入GDP中。根据收入法计算GDP时,包括各生产要素的收入(工资、利润、生产税、折旧日)总和,即为生产最终产品而需要的一切生产阶段上的增加值之和。基础设施建设过程本身会产生工资、利润、折旧和税金等增加值,并要消耗大量的水泥、钢材、木材等物品,这些中间消耗品的生产企业在为基础设施建设进行生产的过程中也创造了一定数量的增加值。生产水泥、钢材、木材等的企业在生产过程中同样要消耗矿石、电力等中间物品(对基础设施建设而言,属于间接消耗品),这些物品的生产企业在生产过程中同样创造出一定数量的增加值,如此循环,直至最终产品的生产出来(建成的基础设施)。这一切生产过程中产生的增加值之和正好等于基础设施建设支出总额,应计入GDP中。无论是用支出法还是收入法计算GDP,交通运输基础设施建设投资都会使GDP增长。

交通运输基础设施建设具有投资密集和劳动力密集的特点,对其增加投入,可以带动钢铁、建材、机械制造、电子设备和能源工业等一大批相关产业的发展,并可以吸纳大量劳动力。铁路、公路、车站、港口、航道等基础设施的建设会带动建筑业的兴盛;交通运输基础设施的建设会刺激对交通运输工具的需求,从而推动汽车工业、船舶工业、机车工业、航空工业等机械制造业的发展;铁轨、管道和汽车、飞机、轮船等交通运输工具对金属的大量消耗会促进采矿业和冶金工业的发展;交通运输工具对煤炭、石油等能源的大规模需求又能促使能源采掘业的发展。

大规模的交通运输基础设施建设不仅能有力带动一大批相关产业的发展，而且交通运输基础设施的改善和水平的提高又会刺激那些需要其提供产品和服务的企业和居民的消费，有效地刺激国内需求。

交通运输基础设施建设对交通项目投资将产生乘数效益。交通项目建设能够使所在地区增加就业人员和工资收入，提高人民收入和生活水平。对交通项目建设的投资增加，会使GDP增加同等的数量，这也意味着居民、政府和企业会得到更多的收入。收入的增加会导致消费再支出，引致社会总需求和GDP的更大增加，这一系列的再支出无限持续下去，最终总和为一个有限的数量。此时，投资所引起的GDP增加量会大于投资本身的数量。这种现象被称为交通项目投资的乘数效应，由投资增加所引起的最终GDP增加的倍数被称为投资乘数。投资乘数说明了对交通项目投资将对国民经济相关部门产生影响，扩大这些部门中企业的产出并提高利润水平，进而刺激消费增长，最终导致经济增长。

五、交通项目运营与微观经济的关系

交通项目的建成通车，产生了显著的直接经济效益，促进了运输业的发展，改善了综合运输结构。下面以公路项目为例进行分析。

（一）产生了显著的直接经济效益

交通项目通车后，缓解了公路运输的紧张状况，改善了运输条件，产生了显著的直接经济效益。这些效益又称为使用者效益，主要包括：

①运输成本降低的效益。这部分效益是出于公路技术等级的提高，与以前的公路相比，在保修费用、轮胎、燃料消耗等方面的成本节省效益。

②运输时间节约的效益。修建一条高等级公路代替相对等级较低的普通公路，可以大量节约旅客、货物和驾驶员的时间。利用有无分析法计算节约的时间，再利用机会成本测算时间节约的价值，就是运输时间节约的效益。

③提高交通安全的效益。这部分效益是指公路建成通车后，与旧日路相比较，由于交通安全事故减少而产生的效益。

④减少拥挤的效益。即该公路的建成通车使原有相关线路和设施的拥挤

程度得到缓解而产生的效益。

（二）促进了公路运输业的发展

高速公路是国道主干线的重要组成部分，更是地区公路网的主骨架。为充分利用高速公路发展经济，沿线各地区加速了县乡路、机场路和疏港路与高速公路的沟通，促进了路网布局的完善以及公路等级和通行能力的提高，从而加快沿线地区公路运输的发展。这种发展表现在两方面：一方面是"量"的发展，即运输量的增长，以及公路运输行业的客运、货运、维修、搬运、运输服务五大分支行业产值的增加。另一方面是"质"的发展。当今世界，社会经济生活信息化和产品结构高技术化进程加快，竞争日益激烈，对运输服务的要求也越来越高。在发达国家，快运和物流业正是充分发挥了公路运输快速、方便、"门到门"的优势，适应了现代经济发展的客观要求，从而成为公路运输业发展的重点领域。当前我国经济持续健康发展，公路基础设施面貌日新月异，尤其是高速公路的迅速发展，为快速运输和物流业的发展提供了难得的发展机遇和良好的基础条件，只要运用得当，必将带来运输结构的改善，运输领域的拓展极大地提高了公路运输的服务质量。

（三）改善了综合运输结构

现代交通运输业包括铁路、公路、水运、航空、管道五种运输方式，各种运输方式之间存在着很大的互补性，在一定的条件下某些运输方式间也存在较强的竞争关系。各种运输方式之间的有序竞争会促进各自不断提高自身的服务水平，更好地满足社会需要，真正得到实惠的是广大旅客和货主，受益的是包括我们自己在内的社会公众。

我国交通运输体系长期以来处于以铁路为主体、公路为补充的状态，随着国民经济的发展和运输需求的变化，这种运输结构已显现出一系列问题。如铁路运输日趋紧张，运输能力无法满足不断增长的客货运输需求等。高速公路的迅速发展，使公路的大动脉作用日益明显，改变了以往公路运输在综合运输体系中只具有短途、零散、中转接卸功能的附属地位，开始在现代化高起点上与其他运输方式相匹配。在综合运输体系中，公路运输完成的客货运周转量占各种运输方式的比重明显上升。

我国铁路持续大力实施提速战略，不断完善线路条件，发展新型列车，采取优化运输产品结构，提高服务质量等措施，开创了铁路新风，备受社会瞩目，这正是随着高速公路的发展，各种运输方式相互竞争、相互促进的直接结果。

第三节　交通运输规划

一、交通运输规划的理念与结构

（一）交通运输规划的功能、编制主体和实施对象

规划的含义是指个人或组织指定的较为长远和全面的计划。普遍认为，规划是在不确定性条件下，利用既有的知识和信息，结合对未来发展形势的需求和目标研判，针对有限资源的最优化配置过程。交通运输规划是我国规划体系中的重要组成部分，从属于国家发展规划，与其他领域规划相互衔接，是对交通运输领域发展在时间和空间上的战略部署和具体安排。

规划是中国特色社会主义发展模式的重要体现，在改革开放以来的交通运输发展中起到了重要作用。一方面，规划引领发展，是实现交通运输发展治理的重要方式，是党的主张和国家意志的重要展现，交通运输规划编制的过程是一个不同主体、不同区域凝聚和达成共识的过程。另一方面，规划也是中国发展经验的重要载体，规划的编制和实施是世界各国连接中国发展、借鉴中国经验的重要窗口。

交通运输规划的编制主体为规划所涉层级的交通运输相关综合管理部门和行业管理部门。结合实际情况，编制主体涉及多个单位间跨部门、跨区域等合作。改革开放40多年间，随着多次机构改革以及规划领域逐步拓展，规划编制主体也随着当期的法律政策规定而不断调整。

交通运输规划实施对象涵盖交通运输领域的各个方面，包括设施布局、服务和技术装备，也包括相关领域中涉及交通运输的部分、新经济新业态等等。自改革开放以来，交通运输综合规划和行业规划中对于设施建设发展着

墨较多，近年来交通运输服务、装备等方面也逐步成为实施重点。

（二）交通运输规划的理念、流程和依据

交通运输规划发展理念主要体现在交通运输发展与经济增长之间的关系上。改革开放以来，我国交通运输规划与经济增长之间的关系主要有三类，即追随型、适应型、超前型。追随型主要指交通运输发展落后于经济社会发展需求的情景下，交通运输突破经济社会发展限制。适应型主要指交通运输发展基本能够保障经济社会发展需求，实现了较好的协调发展。超前型主要指交通运输发展的保障能力领先于当前经济增长发展需求，能够对经济增长起到引领作用。在发展中，交通运输规划下的推动效应在规划年限中较为突出，并在远期发展中逐步稳定。

我国交通运输规划编制实施过程不断完善，规划发展环环相扣，起讫点逐步融入前一、后一阶段的规划编制实施之中。一般来讲，规划编制在前一阶段中期评估阶段，结合上一阶段实施情况和发展中的新情况新要求，开展相应的前期研究，依托研究编制规划草案，承接上一级规划布置，衔接其他领域规划安排，对草案开展意见征询，经过审议批准和相关文件决议后，将交通运输规划公开发布。规划公布后，相关部门积极开展实施，在规划中期对规划进行评估，确保规划及时完成，同时衔接下一阶段规划。

（三）交通运输规划体系构成

整体来看，我国的交通运输发展规划从属于经济社会发展战略规划，隶属"专项规划"范畴。改革开放以来，以综合交通运输发展规划为统领，统筹和协调各方式规划，形成了时间、空间、行政层级、物性等不同维度下的规划体系。交通运输规划内容涵盖网络布局、基础设施建设、服务供给、技术装备、投融资机制、综合开发、规划实施的政策保障等。

1. 时间维度：中长期规划＋五年规划＋短期滚动实施方案

在我国现行的规划体系下，中长期发展规划主要明确未来一段时间内的发展大方向；五年规划则结合形势明确在当期的五年发展阶段下的发展任务；短期滚动实施方案是将任务进一步拆分，落实近期具体工作。

2. 空间维度：跨区域规划＋城市群规划＋城市规划＋农村规划

跨区域规划主要对具有某一类共同发展诉求的地区划分区域界线，从区域整体角度进行统一部署。城市群规划在跨区域规划基础上，进一步落实规划，以城市群空间为界线，进行划分。需要指出的是，当前城市群规划大多具有跨区域特征，与跨区域规划范围存在重叠。城市规划则围绕城市交通，结合上一层区域规划，落实相关部署。农村规划是从农村地区交通运输发展需求出发，对农村交通发展做出相应部署。

3. 行政维度：中央规划＋地方规划

中央规划制定中央层面的总体战略，从国家整体发展需求出发，对区域、行业发展做出安排。地方政府则根据中央规划部署，在本地区进行落实，联系自身发展需求，对本地区交通运输发展做出部署。

4. 物性维度：综合规划＋行业专项规划

综合交通运输体系规划从系统视角规划统领各种运输方式规划，对各运输方式之间的协调协作、各运输方式的发展重点做出部署。分方式的行业运输规划根据综合交通运输体系规划，将各行业发展任务进一步延伸和细化，对行业内部发展以及与其他运输方式的配合、其他领域融合等相关内容做出安排。

二、交通运输规划特征与关注重点

整体来看，改革开放 40 多年来，我国交通运输规划的背景、要素、理念、导向以及指导思想、发展原则、重点任务等都发生了深刻的转变，规划所处阶段的形势要求、重点考虑问题也有所不同。分析 40 多年来的发展趋势，在新时期，应继承发展成果，开启新时代新篇章，在谋求新发展过程中，更好地发挥规划的重要作用。

（一）我国交通运输规划的特征

1. 规划体系逐步丰富，规划功能不断拓展

经过 40 多年的发展，我国交通运输领域计划规划体系不断丰富完善，初步形成了包括综合交通规划与行业专项规划、中长期网络规划与五年发展规划、区域交通规划与地区交通规划、中央交通规划与地方交通规划、设施

规划与服务规划等在内的规划层级和框架结构。规划的视角和内容的重点也由国内向国际与国内、由交通自身领域向交通运输与经济社会和生态环境等多领域深度融合拓展延伸。

交通运输规划的功能也由建设规划逐步向行业规划转变。在改革开放初期，交通运输发展重点解决交通运输对经济社会发展的瓶颈制约，以基础设施建设发展为主。随着改革开放不断深入，基础设施供给严重不足的情况有了明显的改善，特别是进入21世纪以后，交通运输规划内容逐步向其他环节、方面覆盖和延伸。

2. 规划导向作用突出，规划主线更加明确

交通运输规划理念从被动适应转向主动支撑引领。改革开放之初，我国交通运输发展总体落后，在这一时期，交通运输一直是国家优先发展的重点，但始终是作为薄弱环节被动地追随和适应经济社会发展。21世纪以来，交通运输基础设施对经济社会发展需求的满足和保障能力逐步提升，结合深刻变化的国内外发展形势，被动式发展的理念已无法适应发展需要。特别近10多年间，交通运输发展规划更进一步地注重未来发展的战略性和前瞻性，强调交通运输对经济社会的支撑引领作用。规划的主线不再是各种运输方式之间的独立发展、简单叠加，而是统筹多种运输方式协调发展、合理衔接，从而实现资源精准配置、运力合理分布，实现交通运输领域全面发展。这一理念也贯彻到了分方式专项规划之中，如何与其他交通运输方式形成合力成为在制定行业专项规划时需要考虑的重要因素。

3. 规划目标日益多元，主动引领理念凸显

规划重点从面面俱到的发展部署逐步转向重点问题和目标导向，突出对重大战略、重大矛盾、重点问题的解决处理，根据所处阶段的特征和主要矛盾，明确发展目标，提升规划的针对性、指导性和实用性，重点突破，避免"大而全"，强调与时俱进、因势利导、因地制宜，注重提升规划的编制效率和可操作性。

4. 规划制定控制过程，实施手段更加丰富

规划具有宏观性、战略性、长期性的特征。改革开放初期，交通运输发

展主要是通过计划中具体量化的目标值来衡量。量化目标型的计划制订在一定时期内督促和激励了我国交通运输事业的发展，但注重结果的发展模式使得规划在实施过程中为达目的而缺乏系统性、可持续性。在发展中，交通运输规划的制定从目标终极型向过程实施型转变，根据背景、条件等的变化给予规划执行一定的适应性和弹性，也给予规划实施更大的灵活性，以提升规划的实用性和可持续性。

（二）我国交通运输规划编制关注的重点

改革开放以来，交通运输规划作为我国整体发展规划体系中的重要组成部分，在承接经济社会总体规划的同时，需要与其他领域规划相互衔接。随着经济社会的不断发展，交通运输规划中其他领域的互动也更加突出，受制于生态环保、国土开发等要求，也需要更加充分地考虑经济发展、产业布局等内容。

1. 以增量规划为主逐步转向增量和存量规划并重

规划说到底是对有限资源的配置。改革开放40多年来，以增量扩张为主的规划扩张弊端逐步显现，可供开发的资源数量不断减少，其影响也逐步传递到交通运输规划。以国土开发为例，以往的增量规划逐步向存量空间管控转型，对交通运输用地的限制也逐步严格，在结构布局方面，由"功能性用地"向"用地调功能"转移；在规模控制方面，由用地总量控制向建设总量控制转移。由此交通运输规划也必须在遵从于整体规划限制下有所折中，交通运输规划发展的优先发展位势逐步缓和。

2. 作为"先手棋"交通运输规划视野从国内拓展向全球

随着我国经济发展水平的不断提升，我国的战略规划布局由国内逐步延伸至全球，交通运输作为我国参与国际竞争合作的"先手棋"，其规划作为"前哨"参与到全球布局之中。同时，众多发展中国家学习和借鉴改革开放40多年来积累发展的"中国经验"，选择"中国方案"，以国家发展改革委综合运输研究所近年来参与的亚洲、非洲、南美洲等国家发展规划为代表，交通运输规划连同其他领域规划，作为技术服务输出，推动着其他发展中国家的发展进步。

3. 发展不平衡不充分矛盾成为规划内容重点

改革开放 40 多年的发展，我国规划体系的立足点不再是满足物质短缺下的人民物质生活需求，而是着力突破不够充分、不够均衡问题，使发展成果切实惠及广大人民。基于此，围绕城乡一体化、协调发展等缩小发展差距的关键领域成为发展重点，也成为交通运输规划制定中的重要遵循。

4. 交通网络日臻完善下交通运输系统协调优化的要求急迫

交通运输规划重点由网络建设逐步转向系统优化。改革开放 40 多年的发展较好地推动了我国交通运输网络布局，并能够基本适应经济社会发展。当前规划重点从"连通"变为"畅通"，结合整体发展需求，对系统进行优化，在发挥各运输方式经济技术优势的同时，推进系统的综合效益和整体效率提升，推动经济高质量发展，构建交通强国。

5. 规划编制实施中生态环保压力日益严峻

改革开放 40 多年来，生态环境因素在规划制定中的重要性不断提升。以近年来实行的"蓝天保卫战"为典型，为建设美好生态环境，交通运输领域规划编制实施均向生态环境建设倾斜，各级政府纷纷出台了相关政策，其中就包括运输结构调整等部署，围绕相关部署，对规划内容、理念进行了调整，并根据具体领域情况，进一步加大了相关规划的落实力度，以生态环境发展需求对规划发展提出要求。

6. 新技术新经济新业态发展趋势突出

改革开放 40 多年来，交通运输领域新技术、新经济、新业态频现，及时响应新供给新需求、营造良好发展环境成为规划中越来越重要的部分。尤其是近年来的"互联网＋交通"模式发展迅猛，中国在共享经济等交通运输相关的新经济新业态中成为世界范围内的拓荒者，在规划中，需要对其进行有效回应，审慎与包容兼具，推动新技术广泛应用，引领新经济新业态可持续发展。

三、交通运输规划经验

（一）形成了良好规划实施机制

整体来看，规划体系自身在改革开放进程中不断调整的同时，为保障规划的顺利实施，也已形成了一套较好的规划执行机制。

①形成研究评估调整的动态模式。开展交通运输规划的前期研究，深入分析重点问题，对于集中存在的潜在问题进行大量的前期研究，为规划编制提供了有力支撑。同时，在规划实施过程中建立评估模式，总结和反馈具体情况，建立起动态调整和修订模式，对强制性和约束性目标进行调整，以提高交通运输规划实施的合理性和可操作性。

②建立起有效的规划实施政策保障体系。联系规划发展中的实际需求，构建围绕规划实施的政策保障体系。结合使用行政手段、经济手段，增强规划体系的执行力和约束力，打通既有政策体系对于规划实施的桎梏和壁垒，畅通规划实施过程。充分发挥中央财政资金导向作用，为规划重点任务领域营造良好的政策保障体系。

（二）不断完善规划理念与体系

①适时调整规划理念和机制。这是我国计划规划发展的核心特点，始终贯彻于交通运输规划过程中。改革开放以来，我国交通运输规划的预见性不断提升，规划"调控"和"指导"不断协调，规划的导向作用不断增强。

②强化规划目标的精准性。从过去单纯量化目标转变为"兜底红线"性质的硬约束和体现发展方向预期性软指标的"软硬"结合。紧抓交通运输领域发展的主要矛盾和重点领域，对经济社会发展和人民关心的重点问题做出回应，设定相应规划目标。

③完善规划内容与体系构成，形成规划"组合拳"。根据交通运输领域涵盖内容众多等特点，构建长短结合、总分协调的规划体系，形成整体优势。

④加强规划衔接，形成合力。围绕交通运输功能和作用，通过不断调整规划内容，保持与经济发展要求相互匹配，并结合实际需求变化进一步提升支撑引领作用。依托综合交通运输体系规划统筹分行业分领域规划，实现分方式规划间的脉络串联，汇成源源不断的发展合力。

（三）拓宽规划视野和融合发展

改革开放40多年来，交通运输与经济社会发展日益深入。在规划中，必须跳出传统交通运输自身发展的角度，从经济社会整体发展出发，充分将交通运输发展与产业布局、经济运行、城镇建设、进出口贸易以及生态环境等相结合，将交通运输发展紧密扣入发展大环境，提高规划站位。

交通运输作为经济社会发展中重要的服务性行业，需要根据经济社会发展变化不断顺应新需求。经过40多年的发展，交通运输规划对日益凸显的绿色化、智慧化、融合型发展的响应和保障能力不断提升。以综合交通运输体系规划为例，不仅通过完善综合运输网络使交通运输更有效地与我国产业布局相适应，为高质量发展提供支撑，还针对新经济新业态发展，转变综合运输体系规划发展模式和路径，在绿色发展、信息化、智慧化、融合发展方面，通过运输结构调整、新技术应用和管理模式创新等内容的改进和完善，推动交通运输与经济社会深度融合发展。

（四）提升交通运输规划领域全域的引导能力

改革开放40多年来，基础设施建设发展始终是规划的主要内容，但重设施轻服务、重建设轻运行的情况仍然存在。随着我国综合交通运输网络逐渐成形、新时代人民美好生活需要日益增长，以往着墨较少的服务、组织、运行等方面成为未来需要重视的重点领域，需提升交通运输规划对于全局的指导能力。

（五）规避规划中的路径依赖

我国交通运输规划主要围绕基础设施建设和布局，指导我国交通运输快速发展，使我国成为交通大国，传统规划路径取得了显著效果，但并不是能永久解决我国交通运输规划问题的"万灵药"。在未来的发展中，应着眼新时期新要求，从交通大国转向交通强国，需要依托规划引导适时转换发展路径，跳出以往发展路径依赖的"舒适区"，全面提升交通运输发展水平，将我国建成交通强国。

第二章　交通运输的经济需求分析预测

第一节　运输需求概述

一、运输需求的产生

运输需求按运输服务对象不同可分为旅客运输需求和货物运输需求。

旅客运输需求一般可分为公务、商务、探亲和旅游4种类型。旅客运输需求来源于生产和消费两个不同的领域。其中，以公务和商务为目的的旅客运输需求来源于生产领域，与人类生产、交换和分配等活动有关的运输需求，可称为生产性旅行需求，这种需求是生活活动在运输领域的继续，其运输费用进入产品或服务成本。以探亲和旅游为目的的旅客运输需求来源于消费领域，可称为消费性旅行需求，其运输费用来源于个人收入。

货物运输需求的产生有以下3个方面的原因：

第一，自然资源地区分布的不均衡，生产力布局与资源产地的分离。自然资源是大自然赋予人类的宝贵财富，但是它的分布是不平衡的，这是不以人的意志为转移的自然地理现象。生产力的布局要考虑自然资源的分布状况，但不可能做到完全与自然资源相一致，社会经济活动必然要求自然资源由储藏丰富的地区向缺乏的地区流动，这就必然产生运输要求。

第二，生产力与消费群体的空间分离。由于各地区经济发展、产业结构和消费习惯的差异，生产力布局与消费群体的分离必然存在。随着生产社会化、专业化、区域经济和国际分工的发展，生产资源的进一步优化组合，某些商品的生产将日益集中在某个或某些区域,生产与消费空间的分离将日益增大,就必然产生运输需求。

第三,地区间商品品种、质量、性能、价格上差异。不同地区之间、不同国家之间因自然资源、科技水平、产业结构的不同,产品的质量、品种、性能、价格等方面就会存在很大的差异,由此会引起货物在空间上的流动,就会产生运输需求。

二、运输需求的定义与内容

（一）运输需求的定义

运输需求就是运输市场需求,即货主或旅客对运输供给部门提出为实现货物或旅客空间位移的要求。现实的运输需求一般应具备两个条件：第一,有购买运输劳务的欲望；第二,有购买能力。缺少其中之一,就不可能形成现实的运输需求。

（二）运输需求的内容

运输需求包括5个方面的内容：

①运输需求量。常以货运量（t）和客运量（人）来表示,用以说明货运需求与客运需求的多少和规模的大小。

②流向。即货物或旅客在空间位置转移的地理走向,表明货物或旅客从何处来到何处去,说明地域间经济和居民的运输联系。

③运输距离。运输距离是指货物或旅客在空间上位置转移的起始点之间的距离。

④运输构成。运输构成是指各类货物和旅客运输需求占总需求的比重。

⑤起运时间和运达时间。

（三）运输需求的基本类型

第一,按其运输需求的性质划分。

①生产性运输需求,基于社会生产活动而产生的运输需求,包括物和人的运输需求,如产品、半成品及其所需材料、设备、辅助用品等物的运输需求,为职工上下班和联系公务产生的人的运输需求。

②消费性运输需求，基于社会消费活动而产生的运输需求为人们生活必需品和消费品的物的运输需求，为人们就医购物、探亲、娱乐和学生上下学等的运输需求。

第二，按运输需求目的划分。

①本源性运输需求，以移动本身为目的的运输需求。如体会运输工具的性能（首航班机、首开地铁和索道等）乘机、乘车游览和闲暇休息性乘车等。在所有的运输需求中，该种运输需求较少。

②派生性运输需求，将运输作为其他目的的中间手段的运输需求，如通勤运输、通学运输购物就医等。货物运输均属于此类运输。在所有的运输需求中，该种运输需求较多。

第三，按运输对象种类的不同，可分为货物运输需求和旅客运输需求。

第四，按运输需求的范围的不同，可分为个别运输需求和总体运输需求。

个别运输需求是指在一定时期内、一定价格水平下，许多性质不同、品种不同、运输要求不同的具体需求；总体运输需求是由个别运输需求的总和构成的。个别运输需求是有差异的，而总体运输需求是无差异的，两者都是为了实现运输对象的空间位移。

第五，按运输需求产生的地域不同，可分为区域内运输需求、区域间运输需求和过境运输需求。

运输需求的起点和终点都在同一区域A内，则为A区域内的运输需求；运输需求的起点在A区域而终点在B区域内，为A、B区域之间的运输需求；运输需求的起点、终点均不在A区域，但运输对象利用了A区域内的运输线路而完成其位移的为A区域的过境运输需求。

第六，按运输方式的不同，可分为公路运输需求、铁路运输需求、航空运输需求、水路运输需求和管道运输需求，以及多种方式的联合运输需求。

运输需求包括以下7个要素：

A. 流量。流量也称运输需求量，是指在一定时期内、一定条件下，运输消费者愿意购买的运输劳务的数量。通常用客货运量和客货周转量来表示，用来说明客货运输需求的数量与规模。

B. 流向。流向是指货物或旅客空间位移的地理走向即从何处来到何处去，表明客货流的产生地和消费地。

C. 流程。流程也称运输距离，是指货物或旅客空间位移的起点和终点之间的距离。

D. 流时。流时也称运送时间，是指运输需求对空间位移起止时间的要求。

E. 流速。流速也称送达速度，是指运输消费者对货物实现位移全过程中运输速度的要求。

F. 运输价格。运输价格是指运输单位重量及体积的货物和运送单位旅客所需的运输费用。

G. 运输需求结构。运输需求结构包括需求的空间分布、时间分布和客货运输的运输的结构，是按不同货物种类、不同旅客出行目的或不同运输距离等对运输需求的分类。

三、运输需求的影响因素

（一）影响旅客运输需求的主要因素

①经济发展水平。随着我国改革开放的进一步深化和市场经济的迅速发展，使人口的流动性大大增加，客运量出现了强劲的增长势头。如假日经济的发展，在"五一""国庆"假日期间，铁路、公路、航空等主要运输都出现高峰期；每年春运期间，由农村剩余劳动力转移形成的"民工潮"愈演愈烈，使得铁路严重超员，不堪重负。

②国民的消费水平。随着人们的生活水平的提高，探亲、旅游等的需要必然也不断增长，与此相联系的消费性要求也将随着生活水平的提高在数量和质量上也必将发生变化。

③人口数量和城市化程度。旅客运输的对象是人，人口数量的变化必然会引起旅行需求的变化。

④旅行费用及运输服务价格的变动对旅行需求的影响较大，尤其是对消费性旅行需求的影响更大。

⑤运输服务的质量。安全、迅速、便利的运输服务网络能刺激旅客运输

需求，反之，则会抑制旅客运输需求。

⑥对于某种运输方式的旅行需求，其他运输方式的开通、运价水平和服务质量直接影响其运输需求。

(二) 影响货物运输需求的主要因素

①经济发展水平。货物运输需求是一种派生需求，这种需求的大小取决于一国的经济发展水平，取决于物质产品的产出量。随着社会经济的发展，运输需求日益多样化，对运输质量方面的要求也越来越高。

②国民经济产业结构和产品结构。首先，生产不同产品所引起的厂外运量（包括所有原材料、附属材料、能源、半成品和产成品等的运量）的差别是很大。其次，不同产品利用某种运输方式的运输系数（即产品的运输量与其总产量的比值）是不同的。

③运输网的数量和质量。交通运输网的布局和质量，直接影响货物线路的吸引范围和各线路的通过能力及需求的适应程度。滞后的交通运输业会影响生产的发展，抑制货物运输的需求。

④运价水平的变动。运输需求对运价水平的变动是有弹性的，一般来说，运价水平下降时，运输需求会上升，而运价水平上涨时，运输需求会受到一定的抑制。

⑤国家经济政策和经济体制的改变。随着我国经济体制的改革，在竞争和追求效益的机制作用下，资源和产品在市场上相对自由地流动，商品交换的范围迅速扩大，交换频率大大增加，因此货物运输需求也大大增加。在市场经济下，一些过去诸如"不合理运输"或"违反流向"的观念也在发生变化，特别明显的是随着商品市场半径的扩大，货物平均运距增长很快。

四、运输需求的特征

运输需求与其他的商品需求相比有其特殊性，表现在以下几个方面：

(一) 派生性

在经济生活中，如果一种商品或服务的需求由另一种或几种商品或服务派生出来的，则称该商品或服务的需求为派生性需求。引起派生需求的商品或服务称为本源性需求。货主或旅客提出的位移要求的目的往往不是位移本身,而是为了实现其生产、生活的目标,完成空间位移只是为实现其本来目标的中间的一个必不可少的环节。所以,社会经济活动是本源需求,运输需求则是派生需求。

(二)广泛性

现代社会经济活动的方方面面都离不开人和物的空间位移,因此,运输需求存在于人类生活和社会生产的各个角落。运输业作为一个独立的产业部门,任何社会经济活动都不可能脱离它而独立存在,与其他商品和服务的需求相比而言,运输需求更具有广泛性,是一种具有普遍性的需求。

(三)多样性

个别运输需求对运输条件的要求不同,对运输方向和运输距离的要求不同,对运输质量管理的要求不同,对运输时间和运输速度的要求不同,对运价水平的要求不同,对运输的技术措施的要求也不同,等等。如石油等液体货物需要用油罐车或管道运输,鲜活易腐货物需要用冷藏车运输,化学品、危险品、超长超重货物等都需要特殊的运输条件。对于旅客运输,由于旅行目的、收入水平等方面的不同,对运输服务的质量要求也必然具有多样性。因此,运输需求不仅仅有量的要求,还有质的要求,运输服务的供给者必须适应运输的质和量等各方面多层次的要求。

(四)不平衡性

运输需求的不平衡性体现在空间、时间上。

运输需求是对位移的要求,而且这种位移是运输消费者指定的两点之间带有方向性的位移,即运输需求具有空间特定性。运输需求的这一特点,构成了运输需求的两个要素,即流向和流程。空间和方向上的不平衡性主要是因为资源分布、生产力布局、地区经济发展水平、运输网络布局等的不平衡。

客货运输需求在发生的时间上有一定的规律性,如节假日和周末的客运需求明显高于其他时间,市内交通的高峰期是上下班时间,农业产品的收获季节也是这些货物的运输繁忙期,这些反映在对运输需求的要求上,就是时间的不平衡性。运输需求在时间上的不平衡性引起运输生产在时间上的不均衡。运输需求的时间要求的另一层含义是对运输速度的要求,旅客货物运输需求带有很强的时间限制,即运输消费者对运输服务的起运和到达时间有各自特定的要求。运输需求的时间要求引出运输需求的两个要素:运输需求的流时和流速。运输速度和运输费用是成正比的,运输服务消费者必须在运输速度和运输费用之间进行权衡,以尽量少的费用和尽可能快的速度实现旅客与货物的空间位移。

(五) 规律性

运输需求起源于社会经济活动,而社会经济的发展具有一定的规律性,因此,运输需求也具有一定的规律性。通常经济繁荣带来运输需求的旺盛,而经济萧条也会引起运输需求的下降。社会经济活动的兴衰反映到运输需求上有一定的时间滞后。

第一,货流增长与国民经济增长的一般趋势。货流形成是由于社会再生产的进行,国民经济各部门、各地区的生产消费之间在地区上和时间上的不平衡引起的,关键又取决于生产力的配置和运输网布局以及不同的产销联系。

①从长期发展趋势来看,工农业生产特别是整个国民经济的发展同货运量的比例关系,其总趋势是生产增长快于运量的增长,即国内生产总值的增长快于货物周转量的增长。

②从短期发展趋势来看,在工业化的初期,往往是运输量的增长速度超过国民经济的增长速度;在工业化中期,货运量增长速度与国民经济增长速度趋于一致。

第二,货物平均运距发展的一般趋势。不论在工业化初期、中期或后期,货物平均运距一般有延长的趋势。

①科学技术的飞速发展,使各种运输工具的技术经济性能不断改善,运输工具的平均经济运距在逐年延长。

②市场经济的发达使商品交流范围扩大,从而使货物的运距延长。

③运输基础设施不断完善。如高等级公路网的建成,使公路运输的运距延长;中欧班列的开通,使国际铁路运输的运距延长;大型机场的建成通航,可以起降大型运输机而延长运距;全国通航河流渠化工程,采取统一最

低水深标准,在流域之间尽可能用运河联结起来,可以使内河运距延长等。

④运输组织工作不断改进。

第三,货物运输增长速度的一般趋势。

货物周转总量:年平均增长率趋于减速,但平均绝对增加量却日趋增大;货运量:不论是年平均增长率还是年平均增长量总的趋势是减退;

第四,客运发展的一般趋势。

①客运发展速度。我国客运的增长速度不一定是逐年递增,但保持在一个较高的增长速度水平上,每年的绝对增长量保持连续增长。随着进一步的改革开放,市场经济的进一步发展,人民生活水平进一步提高,客运增长的趋势将更加明显。

②我国客运距离的发展趋势。随着生产力水平、生活水平的不断提高,随着城市文化程度和人口集中的加速,在客运总量中,中、近距离运输相对增加,总的平均运距有缩短的趋势。

(六)部分可替代性

不同的运输需求之间一般来讲是不能互相替代的,但是随着现代科学技术的发展,人们可以对某些不同的运输需求做出替代性的安排。例如,随着现代通信技术的发展,旅客流动的一部分可被其替代;煤炭的运输可以被长距离高压输电线路替代;在工业生产方面,当原料产地和产品市场分离时,人们可以通过生产位置的确定在运送原料还是运送产品或半成品之间做出选择。运输需求的这种部分可替代性是区位理论解决选址问题和国民经济重大工程项目进行技术经济分析的基础。

五、我国交通运输需求的新特点

目前,我国经济发展进入新常态,其发展速度、发展特征和发展动力发生显著变化,对交通运输的发展趋势和特征产生重大深远影响,这些影响使得运输需求发生了相应改变:

(一)货运需求结构发生变化

在货运需求特征方面,生产型货运需求增长放缓,工业结构将呈现重化工比重下降、新型制造业比重增长趋势,远距离及大批量能源和矿产原材料货运量短期内将仍有下滑;生活型货运需求快速增长;高价值、分散性、小批量货运需求快速攀升。在货运方式结构方面,新常态下,各方式的增速分化程度将明显加剧,大宗物资需求下滑导致铁路货运量持续下滑,公路运输比重持续提高;水运货物周转量比重受大宗物资货运需求下降影响仍将下降;管道基础设施建设规模不断加大,油品运输回流带动其货物周转量比重将持续上升。未来,我国全社会货物周转量结构趋于稳定,呈现水路、公路领先,铁路、管道次之的排序。

(二)客运需求特征发生变化

高速运输需求快速增长。伴随经济发展水平的提高,人民收入水平有较快增长,对交通运输服务质量提出更高要求,将促进高端运输方式及其市场的发展,包括航空、高速铁路、私人小汽车、需求响应交通等;城际客运需求增长更快。随着区域经济一体化进程的加快和城市群快速客运系统的不断完善;交通公平推进显著,不均衡客流将有所平衡,每年大规模的"候鸟迁徙"状态将得到缓解。

(三)客流结构将发生明显变化

随着我国国民经济的发展、人民生活水平的提高及人口消费结构的变化,客流结构已经并将继续发生明显变化。客流结构主要包括了旅客成分和旅行目的。从旅行目的来分析,主要有求学、公务、探亲、旅游、求职、经商等。近年来,公务旅行客流比重呈下降趋势,而探亲、旅游客流比重不断增长,即客流出行目的向着多样化发展。

(四)运输需求多样化,质量型需求渐趋旺盛

客流组成的多样性,使得客运需求是多层次性。不同经济条件的客流对运输产品有不同的要求,有的只要求安全到达;有的除了要求安全外,还要求快捷;有的既要求安全快捷,又要求舒适、便利,等等。因此,人们对客运服务的需求是多层次、多元化的。另外,随着人民生活水平的不断提高和运输业的迅速发展,越来越多的运输产品消费者对运输的要求已由过去的"走得了"向"走得好"转变。除了安全到达这个基本需求外,货运对送达

期限、运输价格、运输办理等方面的要求越来越高。受经济增长方式转变和产业结构升级的影响,高附加值的产品在运输需求结构中的比重逐渐加大。

(五) 运输需求的地区分布有变化

运输需求地区分布变动的一个显著特点是:西部地区的运输需求随着"陆海"新通道的建设,运输需求比重在较低水平上将继续保持迅速增长趋势。随着国家对西部的持续开发建设,其与东部和中部的经济增长速度差距将会有所缩小。此外,西部地区的产业结构偏重于采掘业和原材料工业,因此其货运密度远较其他两个地区高,东部地区预计以第三产业需求为主。可以预计今后西部地区运输需求的份额仍将保持上升的趋势。

第二节 运输需求分析

一、运输需求函数分析

(一) 运输需求函数

运输需求的大小通常用运输需求量来描述。运输需求量是指在一定时间、空间和一定的条件下,运输消费者愿意购买且有能力购买的运输服务的数量。在这里,从时间上说,可以是一年、一个季度、一个月等的运输需求量,而一般都是指一年;从空间上说,可以是一个国家、一个地区或一条线路等的运输需求量;"一定的条件"是指影响运输需求的诸多因素,如运输服务的价格、工农业生产的规模和速度、产品运输系数、国民经济的产业和产品结构、生产和运输布局、人口增长及其构成等。

为了定量地研究运输需求量受各因素影响的弹性大小,需引入运输需求函数的概念。运输需求函数是用函数形式表示运输需求量与影响因素之间的数量关系,可记为:

$$Q = f(P, G, H, Y, A, Z, \cdots) \qquad (2-1)$$

式中:Q——运输需求量;P——运输服务价格;G——工农业生产的规模和速度;H——产品运输系数;Y——国民经济的产业和产品结构;A——

生产和运输布局；Z——人口增长及其构成；…——其他因素。

式（2-1）是运输需求量的一般表达式，并没有表示出运输需求量同其影响因素之间的确定关系。要具体计算运输需求量，必须对具体问题进行具体的经济分析和数据统计、数量计算，从而得出确切的函数表达式。

（二）运输需求曲线

第一，定义。运输需求曲线是假定在运输服务价格以外其他因素均保持不变的条件下，反映需求量与价格之间关系的曲线。

第二，规律。自左向右向下倾斜的曲线，即在一般情况下，如果运输服务的价格下降，则运输消费者对运输的需求量将会增加，反之则会减少。

第三，分类。

①个人需求曲线。单个消费者愿购买运输劳务数量与其价格之间的关系。

②企业需求曲线。运输企业全部货主和旅客愿意向该企业购买运输劳务的数量与其价格之间的关系。

③行业需求曲线。市场上运输劳务全体消费者愿意购买运输总量与其价格之间的关系。

（三）运输需求的变动与运输需求量的变动

首先需要指出，运输需求与运输需求量是两个不同的概念。运输需求是指需求量与价格之间的关系，而不表示某个确定的数，实际上它是一个需求表或一个方程，或一条需求曲线。运输需求量则是指在一定的运价水平上，运输消费者愿意购买的运输服务的确定数量。当非价格因素不变，由不同运价水平下的不同需求量构成了的运输需求曲线保持不变，此时，运价的变化导致运输需求量沿运输需求曲线变动，而运输需求不变。当非价格因素发生变化时，运输需求曲线将产生位移，这种由非价格因素变化引起的需求曲线的移动就是运输需求的变动。如果运输需求发生了变化，即使价格不变，运输需求量也会发生变化。

二、运输需求弹性分析

运输需求受许多因素的影响，如运价上涨，需求就会减少。而且不同的影响因素对运输需求的影响程度也不相同,如飞机普通舱价格的上涨对旅客的需求的影响程度和飞机头等舱价格的上涨对旅客的需求的影响程度肯定是不相同的。为了进行比较,需要引入"需求弹性"的概念。运输需求弹性就是用来分析运输需求量对某种影响因素变化的反应程度,即影响运输需求量的因素变化1%,运输需求量相应变化百分之几。其公式表示如下:

$$E_d = \frac{Q_{变动率}}{Z_{变动率}} = \frac{\Delta Q/Q}{\Delta Z/Z} \qquad (2-2)$$

式中:E_d——运输需求弹性;Q、ΔQ——运输需求量及其变化值;Z、ΔZ——影响因素及其变化值。

影响运输需求量的因素很多,有运输价格、居民收入、工农业总产值、运输系数等,因此相应的就有很多运输需求弹性。本书重点介绍运输需求的价格弹性、收入弹性、交叉弹性和派生弹性(生产弹性)。

(一)运输需求的价格弹性

运输需求的价格弹性反映了运输需求量对运输价格变动反映的程度,其公式可表示为:

$$E_P = \frac{Q_{变动率}}{P_{变动率}} = \frac{\Delta Q/Q}{\Delta P/P} = \frac{\Delta Q}{\Delta P} \cdot \frac{P}{Q} \qquad (2-3)$$

式中:E_P——运输需求的价格弹性;Q、ΔQ——运输需求量及其变化值;P、ΔP——运价及其变化值。

一般情况下,运输需求弹性指的是运输需求的价格弹性。旅客运输需求中生产性旅行需求的价格弹性较小,特别是客运中有相当部分运量是属于公务、商务和探亲等各种形式的公费旅行,这部分运量对价格的弹性比较小。消费性旅行需求的价格弹性较大,但消费性旅行需求要受收入水平高低的影响,如人均收入高的国家和地区,由于运输费用占收入的比例小,价格弹性要小一些,反之,运价的变动对旅行者的影响就要大一些,故价格弹性较大。然而,在很多国家公共客运长期不进入市场调节的范围,旅客位移不被当作纯粹的商品,而带有福利的性质。在福利价格下,旅客票价只相当于运输成本的1/3~1/2,交通费用在家庭生活支出中的比重很小,因此价格变动对交通需求量的刺激是有限的。货物运输需求的价格弹性往往与货物价值有关，价值小的价格弹性较大，反之则小。价格弹性的大小还与货物的季节性以及市场状况有关。当某种货物急于上市销售或不易久存时，其价格弹性就小，货主情愿选择运价高速度快的运输方式，而不愿选择运价低速度慢的运输方式。此外，运输需求与资源分布及工业布局关系极大，它们决定了相当部分的货运量，这些运量一经形成，其价格弹性就比较小。又如，在铁路的货物发送量中，有 30% 左右是运距在 200 km 以内的，但其中的 70% 属于铁路专用线的运输，这部分运量已经形成比较固定的运输形式，对运价变动的弹性就更小。如果希望利用提高铁路短途运价，把一部分运量分散到公路上，使公路在短途零散货运中充分发挥作用，把一部分运量分散到公路上，使公路在短途零散货运中发挥作用，则这种措施对铁路专业线运量的影响是十分有限的。

不同的运输市场上客货运输的需求弹性有很大差别，还表现在弹性与具体的运输方式、线路和方向有关。对运输能力紧张的运输方式、线路和方向，运价的弹性就小；而运输能力宽裕的运输方式、线路和方向，运价的弹性就较大。这些年来，有一些人就专门利用这种需求弹性的差别，高价倒卖火车票或高价出卖铁路货车车皮来获取大量非法收入。

式（2-3）是计算运输需求价格弹性的一般公式，但在具体计算时，又有两种计算方法：计算它的点弹性和弧弹性。

点弹性。点弹性是需求曲线上某一点的弹性，其计算公式如下：

$$\varepsilon_P = \lim_{\Delta P \to 0} E_P = \lim_{\Delta P \to 0} \frac{\Delta Q}{\Delta P} \cdot \frac{P}{Q} = \frac{\mathrm{d}Q}{\mathrm{d}P} \cdot \frac{P}{Q} \tag{2-4}$$

式中：ε_P——点价格弹性。

点价格弹性也可以用几何方法来求。用几何方法来求，从一定意义上说，更为直观，更为简便。

如果给定运输需求曲线的方程，就可以很方便地求出某点的点弹性。

弧弹性。弧弹性是运输需求曲线上某两点间的平均弹性，其计算公式如下：

$$\varepsilon_p = \frac{\Delta Q/Q}{\Delta P/P} = \frac{Q_2 - Q_1 \Big/ \dfrac{Q_1 + Q_2}{2}}{P_2 - P_1 \Big/ \dfrac{P_1 + P_2}{2}} = \frac{Q_2 - Q_1}{P_2 - P_1} \cdot \frac{P_1 + P_2}{Q_1 + Q_2} \tag{2-5}$$

式中：ε_P——弧价格弹性。

当运输需求曲线方程未知，只知道曲线上两点的坐标，则可以用弧弹性的公式来求此两点间弧的弹性。

(二) 具有不同价格弹性的需求曲线

根据价格弹性的不同，价格弹性需求曲线又可分为以下5种情况：

①完全无弹性。需求曲线是一条垂直的直线。在这条需求曲线上，所有各点的价格弹性均为零，即$|\varepsilon_P|=0$。在这种情况下，不论运价如何变动，需求量均保持不变。

②完全有弹性。需求曲线是一条水平的直线。在这条需求曲线上，所有各点的价格弹性均为∞，即$|\varepsilon_P|=\infty$。在这种情况下，只要运价稍有上升，需求量就会立刻下降为零，而当运价不变时，需求量可以无限增加。

③单位弹性。需求曲线是一条方程为$P\cdot Q=1$双曲线。在这条需求曲线上，所有各点的价格弹性均为1，即$|\varepsilon_P|=1$。在这种情况下，运价每变动一定的百分率，需求量也会变动同样的百分率。

④缺乏弹性。需求曲线是一条比较陡峭、斜率较大的直线。在这条需求曲线上，各点的价格弹性是变化的，$0<|\varepsilon_p|<1$。在这种情况下，需求量变动的速度小于运价变动的速度。

⑤富有弹性。需求曲线是一条比较平缓、斜率较小的直线。在这条需求曲线上，各点的价格弹性也是变化的，$1<|\varepsilon_p|<\infty$。在这种情况下，需求量变动的速度大于运价变动的速度。

上述五种情况中，前三种只是理论上的推导，极少数商品能呈现这几种需求弹性，大多数商品需求弹性为后两种，我们讨论的运输需求弹性也多为后两种，即缺乏弹性或富有弹性。

(三) 运输需求的收入弹性

运输需求收入弹性的计算。运输需求的收入弹性 E，指的是运输需求量对消费者收入变化的反映程度，一般用于对客运需求的分析。运输需求收入弹性的计算公式为：

$$E_1=\frac{Q_{变动率}}{I_{变动率}}=\frac{\Delta Q/Q}{\Delta I/I}=\frac{\Delta Q}{\Delta I}\cdot\frac{I}{Q} \tag{2-6}$$

式（2－6）是计算运输需求收入弹性的一般公式，但在具体计算时，又要分为计算它的点弹性和弧弹性。

点收入弹性：$\varepsilon_1 = \dfrac{\mathrm{d}Q}{\mathrm{d}I} \cdot \dfrac{I}{Q}$ （2－7）

弧收入弹性：$\varepsilon_1 = \dfrac{Q_2 - Q_1}{I_2 - I_1} \cdot \dfrac{I_1 + I_2}{Q_1 + Q_2}$ （2－8）

运输需求收入弹性一般为正值。这是因为客运需求量 Q 和居民收入水平 I 一般按同方向变动，即居民收入增加时，消费性旅行需求增加，反之，居民收入减少时，消费性旅行需求减少。

客运需求分两种类型：第一，派生性需求，是生产和生活中必要的需求，它是维持生产和消费正常进行的基本需求。即使人们收入水平降低，但为了工作需要仍必须使用交通工具；相反，即使人们收入水平提高，用于上下班乘坐交通工具的支出也不会提高。第二，本源性需求，如观光、旅游等使用交通工具，本身就是一种消费。旅游、观光等活动的增加将导致娱乐场所、宾馆、酒店等的大量建设以及交通工具的不断改进。由于客运需求具有派生性和本源性，所以在收入水平很低时，也具有较高的弹性值。这说明运输需求的收入弹性与居民收入水平关系并不十分密切，派生性需求占有较大的比重。

在进行交通规划决策时，收入弹性将是其中一个重要的考虑因素。收入弹性大的运输项目，如城市客运，由于需求量增长较快，所以发展速度应当提高；收入弹性小的运输项目，如农村客运，由于需求量增长较慢，所以发展速度可适当放慢。

（四）运输需求的交叉弹性

1. 交叉弹性的计算

由于运输服务替代性的存在，一种运输方式、一条运输线路或一家运输企业的运输需求受可以替代的另一种运输方式、另一条运输线路或另一家运输企业价格变化的影响，故引入交叉弹性来反映这种影响的程度，即一种可替代的运输服务的价格每变化1％将引起的另一种被替代的运输服务的需求量变化的百分之几。

设有两种可替代的运输方式 X 和 Y，计算 Y 的运输方式交叉弹性 E_{PYX} 的一般计算公式为：

$$E_{PYX} = \frac{\Delta Q_Y / Q_Y}{\Delta P_X / P_X} = \frac{\Delta Q_Y}{\Delta P_X} \cdot \frac{P_X}{Q_Y} \qquad (2-9)$$

具体计算时，交叉弹性也分点弹性和弧弹性两种计算方法。

点交叉弹性：$\varepsilon_{PYX} = \dfrac{\mathrm{d}Q_Y}{\mathrm{d}P_X} \cdot \dfrac{P_X}{Q_Y}$ \qquad (2-10)

弧交叉弹性：$\varepsilon_{PXX} = \dfrac{Q_{Y2} - Q_{Y1}}{P_{X2} - P_{X1}} \cdot \dfrac{P_{X1} + P_{X2}}{Q_{Y1} + Q_{Y2}}$ \qquad (2-11)

不同的交叉弹性值具有不同的经济意义：

交叉弹性为正值，即 Epyx＞0，说明运输服务 X 的价格变动将引起运输服务 Y 的需求同方向变动，如铁路运价提高，会使公路、航空的运输需求量增加，表明铁路运输同公路和航空运输的可替代性。

交叉弹性为负值，即 $E_{PYX}＞$，说明运输服务 X 的价格变动将引起运输服务 Y 的需求反方向变动，如水运价格提高，会使疏港汽车运输的需求量减少，表明这两种相关运输服务存在互补性，即它们配合使用，能更好地满足消费者的要求。

交叉弹性为零，即 $E_{PYX}＜0$，说明运输服务 X 的价格变动对运输服务 Y 的需求没有影响，表明两种运输服务互相独立、互不相关。如民航票价提高，对汽车运输需求量没有影响，因为民航是长途运输，而汽车运输一般是中、短途运输，二者互不影响。

2. 交叉弹性的应用

交叉弹性同价格弹性、收入弹性一样，在运输量的分析和估计中有着重要的作用。

运输企业、政府运输行业管理部门在制定企业、行业的运输发展规划时，应当考虑运输项目和运输服务的替代性和互补性影响。如一条拥有 3 级以上的通航河流，在无特殊需要时，一定不要沿河修建铁路，这是因为运输服务的替代性决定的，否则会造成运输资源的浪费。又如港口和疏港运输、火车站和火车站的疏站运输一定要协调发展，如果只建港口、火车站，不发展疏港、疏站运输，就会产生压港、压站现象，而且在经营管理时也应注意这个问题，轮船、火车的提价，一定要考虑对疏港、疏站运输的影响，这是由于运输服务的互补性决定的。

（五）运输需求的派生弹性

1. 运输需求派生弹性的概念及其计算

派生弹性用来分析运输需求随其本源需求的变化而变化的灵敏程度。

运输需求的派生弹性是指运输需求量工农业生产水平变化的反应程度，即工农业生产水平每变化1%，运输需求量相应地会变化百分之几。其一般的计算公式为：

$$E_G = \frac{Q_{变动率}}{G_{变动率}} = \frac{\Delta Q/Q}{\Delta G/G} = \frac{\Delta Q}{\Delta G} \cdot \frac{G}{Q} \qquad (2-12)$$

式中：E_G——运输需求的派生弹性；Q、ΔQ——运输需求量及其变化值；G、ΔG——工农业生产水平及其变化值。

具体计算时，派生弹性也分点弹性和弧弹性两种计算方法。

点派生弹性：$\varepsilon_G = \frac{dQ}{dG} \cdot \frac{G}{Q} \qquad (2-13)$

弧派生弹性：$\varepsilon_G = \frac{Q_2 - Q_1}{G_2 - G_1} \cdot \frac{G_1 + G_2}{Q_1 + Q_2} \qquad (2-14)$

派生弹性 E_G 一般为正值，说明运输需求量 Q 同工农业生产水平 G 呈同方向变化，即当工农业生产水平提高时，需要运输的工农业产品会增加，所以运输需求量增加；当工农业生产水平降低时，需要运输的工农业产品会减少，所以运输需求量减少。但在个别情况下也会出现负值。如工农业总产值出现负增长或运输需求量出现负增长，其中任何一个变量出现负值，其弹性必然为负值。

在工业与农业总产值变动率对货运需求变动关系上，工业更为密切，工业与货运的相关系数为 $R^2 = 0.993$，而农业与货运的相关系数只有 $R^2 = 0.827$。

2. 运输需求派生弹性的应用

运输需求派生弹性可以应用于宏观运输经济分析，通过运输需求派生弹性的计算和分析，可以反映运输业与国民经济各部门发展的正确比例；反映运输业内部各种运输方式、各种运输服务项目、各历史时期运输业发展的具体内在联系；反映运输需求在数量、品种、时间的具体参数，从而为国家制定运输经济政策提供依据，也可以用于运输行业管理和运输企业发展战略的制定。

第三节 运输供给分析

一、运输供给的概念及特征

（一）运输供给的概念

运输供给是指运输生产者在某一时刻，在各种可能的运输价格水平上，愿意并能够提供的各种运输产品的数量。运输供给在市场上的实现要同时具备两个条件：第一，生产者有出售运输服务的愿望；第二，生产者有提供运输服务的能力。运输供给分两种情况：一是单个运输生产者的供给；二是运输服务的市场总供给。在一特定时间内，单个运输生产者愿意出售的运输产品的数量，是该运输产品价格和该运输生产者生产成本的函数。运输服务的市场总供给，表示在不同的价格下与之相应的这种运输服务的所有生产者所能提供的总量。运输服务的市场总供给不仅取决于单个生产者供给量的所有因素，还取决于市场中这种商品的生产者的数量。

运输供给包含如下4个方面的内容：

①运输供给量。运输供给量通常用运输工具的运输能力来表示，说明能够承运的货物和旅客的数量与规模。

②运输方式。运输方式指铁路、公路、航空、水运和管道5种不同的运输方式。

③运输布局。运输布局指各种运输方式的基础设施在空间的分布和活动设备的合理配备及其发展变化的状况。

④运输经济管理体制。运输经济管理体制是指指导运输业发展所相应建立的运输所有制结构、运输企业制度、运输资源配置方式以及相应的宏观调

节机制、政策和法规等。

（二）运输供给的特征

运输业是一种特殊的产业，所以运输供给与一般商品和服务的供给相比，有很大的差异，具有不同于其他产业产品的特征。

1. 运输产品的非储存性

运输业的生产活动是通过运输工具使运输对象发生空间位置的变化，而不生产新的物质产品。因此，运输产品的生产和消费是同时进行的，即运输产品不能脱离生产过程而单独存在，所以，不能如一般工业品一样可以储存起来，这就是运输产品的非储存性。一般工业可以通过储存产品的形式来适应市场供需的变化，而运输产品的非储存性决定了运输业不能采取运输产品储备的形式，而只能采取运输能力储备的形式来适应运输市场的变化。

运输业有着固定设备多、固定资产投资大、投资回收期长等特点，运输能力的设计多按运输高峰的需求设计，具有一定的超前性，因而在短期内运输供给变动成本的比重较小，表现为短期成本曲线比较平缓，运输供给的价格弹性较大。运输能力的超前建设与运输能力的储备对运输市场来说，既可以适应市场需求增长的机遇，又可能因市场供过于求而产生风险。因为运输能力储备越大，承担的风险越大，适应市场需求的能力也越大；反之，承担的风险小，适应市场需求的能力也小。

2. 运输供给的时空差异性

运输业是一种特殊的产业，其生产和消费过程是同时进行的。运输服务的生产过程，既是运输对象发生空间位置变化的过程，也是运输服务的消费过程，但这并不意味着运输产品的生产必定与运输产品的消费相结合，现实中生产与消费脱节的现象是不可避免的。如运输需求在运输时间上的规律性、在运输方向上的单向性、个别运输需求对运输工具的适应性等导致回程运力的浪费；为实现供需的时空结合，企业要经常付出空载行驶的代价等，这种由于供给与需求之间在时间、空间的差异性所造成的生产与消费的差异，使运输供给必须承担运力损失，空载行驶等经济上的风险。所以，运输活动的经济效果取决于供需在时间与空间的正确结合，这就要求运输企业必须掌握市场信息，搞好生产的组织与调整，运用科学管理方法提高经营管理水平。

3. 运输供给的成本转移性

同运输生产的时空差异带来运力浪费情况相反的是，运输供给能够在较大范围内超额生产，但并不带来成本的明显上升。这种情况在我国各种方式的旅客运输中较为普遍。运输业可以在成本增加很少的情况下，在需求允许时，增加供给量，但伴随而来的是运输条件的恶化，运输服务质量的下降，使得本该由运输企业承担的成本部分地转移到消费者身上。此外，运输供给的成本转移还体现在由运输活动带来的空气、水、噪声等环境污染，能源和其他资源的过度消耗，以及交通阻塞等成本消耗也部分地转移到运输企业的社会外部成本中。

4. 运输供给具有一定的不可分性

作为社会基础设施的一部分，运输供给具有一定的不可分性。例如，运输建设一般需要数量巨大的投资并需要进行连续的投资，才能形成运输能力，因此运输供给在资金上具有不可分性；运输设施的设计、建造一般需要相当长时间，运输设施的寿命周期一般也很长，因此运输供给在时间上也具有一定的不可分性；从空间上的不可分性看，运输网络是一个整体，要为整个地区或整个国家服务，运输设施的能力一旦形成就很难在空间上转移，而运输服务的完成在很多情况下却是跨地区的，不应人为地加以分割；此外，运输业属于社会公共事业，为全社会的公众提供服务，且在某些情况下需由社会共同负担成本，因此在这方面显然也具有一定的不可分性。

5. 运输供给的不平衡性

运输供给的不平衡主要表现在：第一，受运输市场运价和竞争状况影响，当运输市场繁荣时，刺激运力投入；当运输市场萧条时，迫使运力退出。第二，运输需求的季节性不平衡，导致运输供给出现高峰与低谷的悬殊变化。这两方面都带来运输供给在时间分布上的不平衡。第三，由于世界经济和贸易发展的不平衡性，运输供给在不同国家或地区之间也呈现出一定的不平衡性。经济发达国家或地区的运输供给量比较充分，而经济比较落后的国家或地区的运输供给量则相对滞后。运输供给的不平衡性在我国国内市场

第二章 交通运输的经济需求分析预测

上表现得不很明显，而在国际市场上表现则非常突出。供给与需求的平衡是暂时的、相对的，而不平衡则是长期的、绝对的。

6. 运输供给的可替代性和不可替代性并存

运输市场中有铁路、公路、航空、水运和管道五种运输方式及多个运输供给者存在，有时几种运输方式或多个运输供给者都能完成同一运输对象的空间位置的变化，于是这些运输供给方式之间存在一定程度上的可替代性，这种可替代性构成了运输企业之间竞争的基础。但是，由于运输产品具有时间上的规定性和空间上的方向性，因此不同运输供给方式的替代性受到限制，各种运输方式的技术经济特征、发展水平、运输费用和在运输网中的分工也不同，所以运输方式之间的替代是有一定条件的。对于客运来说，旅客在旅行费用、服务质量、旅行速度之间进行权衡，选择运输方式；对于货运来说，运输费用、运输速度、方便程度是选择运输方式的依据。每种运输方式都可能在某一领域的运输供给上具有独占地位，形成一定程度的垄断。各种运输供给方式之间存在的复杂关系，使各种运输供给方式的关系往往难以确定，给运输市场供给的分析增加了难度。因而在分析运输供给的关系时，必须以具体的时空为研究条件，这也是为什么在进行运输成本和运价的研究时，必须具体计算确定到发地点之间的运输成本和运价的原因所在。所以说，运输供给的替代性和不可替代性是同时存在的，而且是有条件限制的。运输市场的供给之间既存在竞争也存在垄断。

二、运输供给具体分析

（一）运输供给的影响因素分析

运输供给有赖于以下 4 个主要影响因素：

①技术因素。科学技术是推动社会发展的第一生产力，也是推动运输业发展的第一生产力。新型运输工具的出现、运输工具性能的重大改进，无一不是科技进步的结果。科学技术对于提高运输生产效率、降低运输成本、提高运输服务质量、提高生产的组织管理水平起着非常重要的作用。因此，科学技术的应用提高了运输供给的能力。

②运营策略。用技术来改善运输服务的方式取决于运营者的行为目标。例如，为了适应交通量的增加，就应提高管理水平，且充分发挥原有的运输能力。运营者的行为也确定了运营成本被还原的程度及还原的方式，这是将运营成本转化为使用者成本（函数）的一种价格机制。

③政府机构的要求和调整。运营策略和价格政策有时要受到政府的调控。

④使用者行为。运输供给的有些特征取决于运输系统中使用者的行为。货主选择的运输服务方式，选择不同的存储量、批量、频率和包装方式，常常确定了货运总成本。

这四个因素相互作用，导致了运输供给函数，它从使用者的角度描述了供给特征。

（二）运输供给函数分析

1. 运输供给函数

运输供给的大小通常用供给量来描述。运输供给量是指在一定时间、空间和一定的条件下，运输生产者愿意并且能够提供的运输服务数量。运输供给函数可表示为：

$$Q_s = f(P, b_1, b_2, \cdots, b_n) \quad (2-15)$$

式中：Q_s——运输供给量；P——运输服务价格；$b_1, b_2, \cdots, b_n$——除运价以外的其他影响因素。

式（2—15）为运输供给的一般表达式，实际应用中，还需具体地分析各影响因素来确定具体的表达式。

2. 运输供给曲线

在影响运输供给量的诸多因素中，运输价格对供给量的变动最重要。运输供给曲线是假定其他因素不变，反映供给量同价格之间关系的曲线。这时，运输供给函数可简化为：

$$Q_s = f(P)$$

一般情况下，Q_s 与 P 同方向变动，即供给量随运价的上涨而增加，随运价的下跌而减少，这是运输供给的一般规律。

在这里需要指出的是，运输供给与运输供给量的变动是两个不同的概念。运输供给表示在不同价格水平下，运输生产者愿意且能够提供的运输服务的数量，表示的是供给量同运价之间的一种对应关系。而运输供给量则表示在一确定的价格水平上，运输生产者提供的运输服务数量，对应于供给曲线上一点。运输供给的变动是非价格因素变化时导致的供给曲线的位移，如果供给发生了变动，即使价格不变，运输供给量也会发生变化；运输供给量的变动就是当非价格因素不变时，供给量随运价变化而沿供给曲线移动，每一运价水平对应一个相应的供给量。

3. 运输供给弹性分析

①运输供给的价格弹性。运输供给的价格弹性是指在其他条件不变的情况下，运价变动所引起的运输供给量的变动程度，其计算公式可表示为：

$$E_s = \frac{\Delta Q/Q}{\Delta P/P} = \frac{\Delta Q}{\Delta P} \cdot \frac{P}{Q} \tag{2-16}$$

式中：E_s——运输供给的价格弹性；Q、ΔQ——供给量及供给量的变化值；P、ΔP——运价及运价的变化值。

在具体的应用中，也可分为点弹性和弧弹性计算公式。

$$\text{点弹性 } \varepsilon_s = \lim_{\Delta P \to 0} E_s = \lim_{\Delta P \to 0} \frac{\Delta Q}{\Delta P} \cdot \frac{P}{Q} = \frac{dQ}{dP} \cdot \frac{P}{Q} \tag{2-17}$$

$$\text{弧弹性 } \varepsilon_s = \frac{Q_2 - Q_1}{P_2 - P_1} \cdot \frac{P_1 + P_2}{Q_1 + Q_2} \tag{2-18}$$

由于运价同运输供给量同方向变动，所以供给弹性值为正值。供给量对运价的比值可以用供给弹性值的大小衡量。

$E_s > 1$，供给量富有弹性；$E_s < 1$，供给量缺乏弹性；$E_s = 1$，供给量是单位弹性。

供给曲线上每一点表示一定的供给状态。根据供给曲线上的特定点，可以检验其供给弹性的状态特征是富有弹性还是缺乏弹性。

②运输供给价格弹性的特点。同运输成本有关：运输业提供一定运量所要求的运价，取决于运输成本。如果成本随运量变化而变化的幅度大，则供给曲线比较陡，因而供给就缺乏弹性；反之则富有弹性。

同考察时间的长短有关：时间因素对于供给弹性来说，比对需求弹性可能更加重要。时间越长，供给就越有弹性；反之则缺乏弹性。这是因为运输业是资金密集型产业，有前期投资大、建设周期长、运力储备风险较大等特点，故短时间内不易调整运力，弹性较小，但从长期来考察，运输市场在运价的作用下，供给与需求会逐步趋于平衡，即运输供给具有足够的弹性。

同供需的相对状况有关：当需求量低时，通常运输市场供给过剩，因此具有较大的供给价格弹性；需求量高时，通常运输市场供给紧张，即使价格上升，也因无大量供给投入而使弹性较小。

同运价的波动方向有关：运价朝不同方向变化时，运输供给价格弹性大小亦不同。一般而言，运价上涨时，刺激供给增加，运输供给弹性较大；运价下跌时，供给被迫退出市场，弹性较小。

同运输市场范围有关：运输经营者往往是分布于各个地区的大小承运人，其行动基本上是相互独立的。各个经营者无力左右运输市场的运价，只能在一定的运价水平下采取一定的营运策略。当运价上涨或下跌时，运输生产者会采取复运或停运、租进或租出运力、买或卖运输工具、推迟或提前报废运输设备等策略以增加或减少运力供给。如果运价在较长时期内保持较高，将进一步刺激运输生产者投资建造新的运输设施或运输工具，以增大供给能力，因此，个别的供给弹性较大。从整个运输市场考察，可能与个别供给有所不同。在短期内运价上升，虽有租进运输设备、买进运输设备等活动，但是在新运输设备投入市场之前，整个市场的供给量不会有显著增加。当运价上涨并且在一段时间内保持较好的水平时，必然会引起运输工具价格的上涨，这时，用巨额投资建造新运输设备的热情会减弱。因此，整个运输市场的供给弹性相对较小。

③运输供给的交叉价格弹性。由于运输业在不同运输方式之间存在着某种程度的可替代性和互补性，因此，一般还要研究运输业内部各种运输方式之间的供给交叉价格弹性，它是指某种运输价格的变动引起另一种运输供给量变动的程度，表示为：

$$E_{SAB} = \frac{\Delta Q_A / Q_A}{\Delta P_B / P_B} = \frac{\Delta Q_A}{\Delta P_B} \cdot \frac{P_B}{Q_A} \qquad (2-19)$$

式中：E_{SAB}——A 对 B 的交叉价格弹性（即 B 种运输服务价格变化引起 A 种运输服务供给的变化的弹性值）；Q_A、ΔQ_A——A 种运输服务的供给量及供给量的变化值；P_B、ΔP_B——B 种运输服务的运价及运价的变化值。

若 A、B 相互独立、不可替代，则 $E_{SAB}=0$；若 A、B 可替代，则 $E_{S_{AB}}<0$；若 A、B 互补，则 $E_{SAB}>0$。

三、运输供需均衡分析

（一）运输市场供需均衡及其变动机制

运输市场的均衡是指市场上各种对立、变动着的力量，在相互冲突、调整、运行过程中，出现相对力量相当、供给与需求处于暂时平衡的状态。

均衡分析就是从运输供给与运输需求两方面的作用关系来考察市场状态及其变化规律。根据所考察的对象与前提，均衡分析可以分为局部均衡分析和一般均衡分析。局部均衡分析是假定在其他条件不变的情况下，分析某一货类或运输工具的供给与需求达到均衡的运动过程；一般均衡分析是假定在各货类和所有运输工具的总供给、总需求与运价相互影响的情况下，分析总供给与总需求同时达到均衡的运动过程。

供给与需求是决定运输市场行为的最基本的两种力量，它们之间的平衡是相对的，不平衡是绝对的。但是，市场作为一种有机体，总是存在着自行调节机制——市场运行机制。由于市场机制的自行调节，使供给和需求形成某种规律性的运动，出现某种相对的均衡状态，即市场均衡。

1. 市场均衡的形成

所谓均衡，就是当运输需求和运输供给两种力量达到一致时，即处于均衡状态。运输的需求价格与供给价格相一致，这个价格称为均衡价格；运输需求量与供给量相一致，这个量称为均衡供求量，均衡价格一经确定，均衡供求量也相应确定。

2. 运输市场均衡变动机制

当某种均衡形成之后，随着时间的变化，供给与需求的各种条件也会发生变化，这种均衡状态就会被打破，从而向新的均衡发展。从长期来看，运输市场的供需状况就是处于旧的均衡被打破，新的均衡被建立起来的动态过程中。均衡是暂时的、相对的，而不均衡是永恒的、绝对的。决定均衡状态变动的因素，就是那些使供给曲线与需求曲线发生位移的因素，即供给条件与需求条件。

3. 运输市场运行机制

运输市场均衡的形成与变动过程是其基本的运行机制。通常，在供求条件不变的情况下，市场处于一定的稳定均衡状态。虽然不均衡是经常、大量出现的，但是通过运价与供求的相互冲突等作用，能够不断地恢复和维持均衡。

当供求之间出现矛盾，例如，供大于求时，势必导致运价的下跌，随着市场运价下跌，供给逐渐减少，需求逐渐增加。反之亦然。当供给与需求变动到一定程度，即两者趋于一致时，运输市场会出现供求平衡状态。然而，由于市场盲目冲击力的存在，市场"不均衡—均衡—不均衡—均衡"的过程是反复进行的。但是，在一定的供给和需求条件下，就必然能够形成和维持相对稳定的均衡即稳定的均衡机制。

从长期来看，随着世界经济和国际贸易的发展，航运需求必然相应增长，科技进步、造船工业的发展也必然推动供给增加，供求条件发生变化，这就必定打破原有的均衡，引起供求新的冲突与矛盾。这一新的供求冲突与矛盾又会引起运价的波动，随着运价的变动，将会推动市场走向新的均衡。供给、需求和市场运价就是这样在相互影响、相互作用，推动运输市场形成稳定均衡、维持与稳定均衡被打破，从而形成新的均衡，这样周而复始的运动过程，就是以运价为自行调节的市场机制的动态运行过程。

4. 供需均衡与短缺

在完全自由竞争的市场经济中，运输市场均衡左右着运输系统内外部的关系。

短缺是匈牙利经济学家亚诺什·科尔奈提出并加以重点分析的一个经济概念。短缺作为需求与供给差异的一种表征，反映了一定经济条件下生产不能满足需求的滞后现象。这种短缺的结果不仅表现为数量上的不足，也表现为质量上的下降。

运输短缺作为供给的约束,表明许多地区得不到足够的物资补给,自身的产品不能送到市场,使经济蒙受损失。在我国运输市场中,也存在着这种短缺现象,但国家和各地方政府正积极努力地加以解决。

在运输业内部,某种运输方式的短缺,还将引起运输需求在运输方式之间的转移或替代,这种需求的转移或替代会引起运输投入分配的变化,也会改变运输系统的格局。

第四节 运输需求量预测

一、运输需求量预测的一般原理分析

(一) 运输需求量预测的基本概念

1. 预测的基本概念

预测是人们预选的、事前的对某事物发展的一种推测和测算,测算事物发展变化可能出现的前景和趋势,有时还要推测事物发展变化可能达到的水平和规模,推测事物间相互联系、相互制约、相互影响以及影响程度,等等。

运输需求量预测就是根据运输及其相关变量的过去发展变化的客观过程和规律性,参照当前已经出现和正在出现的各种可能性,运用现代管理的、数学的和统计的方法,对运输及其相关变量未来可能出现的趋势和可能达到的水平的一种科学推测。

运输需求量预测是运输需求分析中的一项重要内容,在与运输有关的各项经济分析、研究和决策中,运输需求量预测往往是一项基础性的重要工作,真正做好需求预测也是难度相当大的工作。

2. 预测的基本原理

预测是把预测过程看成一个系统,分为输入、处理和输出。它说明预测的一般过程就是在掌握必要的信息之后,通过对信息进行定性和定量的分

析，得出预测的结果。预测结果的准确性，首先取决于输入信息的可靠程度，其次要靠对输入信息的科学分析。由于被预测事物的情况千差万别，有的在发展成长过程中是自身的因素起主导作用，有的与外界条件息息相关，有的则受到社会性事件的影响产生畸变，在预测过程中，就必须对被预测的事物进行去粗取精、去伪存真、剔除偶然事件的影响，进行定性和定量的科学分析。有了可靠的信息，再加上科学的分析，才能有科学的预测结果。

3. 预测的主要作用

①需求预测是制定运输发展规划决策的前提。

②需求预测是宏观运输经济分析和制定运输经济政策的重要依据。

③需求预测可以推动运输产品更新换代，增强运输产品的市场竞争能力。

④需求预测是运输企业搞好经营管理的重要手段。

我们面临的任务是要建设中国特色社会主义，交通运输企业必须适应社会主义现代化的要求，应该制定出切实可行的发展规划，把有限的人力、物力、财力和科学技术力量，最有效地运用在运输的发展上，这些工作都离不开运输需求量的预测。

预测技术主要应用在近、远期客货运量的预测上。近期预测结果，影响运输企业运输能力的发挥和效益的大小。远期预测结果，直接影响运输线路的建设规模和速度，影响国民经济的发展。

（二）预测的分类

根据不同的分类标准，运输需求量预测可以有不同的分类：

1. 按预测的方法分类，有定性预测和定量预测

①定性预测，是指主要根据事物的性质、特点、过去和现状的延续状况，对事物进行非数量化的分析，再根据这些分析，对事物的未来发展趋势做出预测。但定性预测也可能包含某些数量说明，并不排斥必要的数量分析。定性预测方法主要有特尔菲法、专家预测法、主观概率法和相互关系分析法等。

②定量预测，是指通过建立数学模型，对事物进行定量分析，再根据这

些分析，对事物的未来发展趋势做出预测。但定量预测也有定性说明。定量预测方法主要有时间序列分析预测方法、回归分析预测方法和马尔科夫预测方法等。

2. 按预测的时间分类，有短期、中期和长期预测

①短期预测，通常是指 1 年以内的运量预测，一般用于运输企业年度计划。

②中期预测，通常是指 2～5 年的运量预测，主要用于运输企业或区域运输生产计划。

③长期预测，通常是指 5 年以上的运量预测，主要用于全国区域或城市交通规划。

一般来讲，预测时间越长，预测结果和实际情况的出入也越大，其参考价值和可靠性也越差。

3. 按预测对象的多少分类，有单一预测和复合预测

①单一预测，是指只限于单一的事物，即只预测单一事物发展变化的趋势和可能达到的水平。

②复合预测，是指预测对象包括几个有联系的不同事物，从其相互联系和相互制约中同时预测这几个有关事物今后发展变化的可能趋势和可能达到的水平。

单一预测只能得到一个预测值或以一个预测值为主的一套预测值；复合预测则可以得到一组预测值，或者分别以几个预测值为主的几套预测值。

4. 按预测的应用分类，有社会预测、经济预测、科学预测、技术预测和军事预测

（1）社会预测，是指有关社会发展问题的预测。

（2）经济预测，是指经济领域发展变化的预测，客、货运量就是一种经济预测。

（3）科学预测，是指对科学发展的趋势、方向和可能出现哪些成果的预测。

（4）技术预测，是指对技术发展趋势、技术发明、应用效果等问题的

预测。

（5）军事预测，是以国防和战争方面的课题为对象的预测。

5. 按预测经济活动的范围分类，有宏观预测和微观预测

①宏观预测，是指从国民经济全局出发，对整个商品生产和流通总体的发展方向所作的综合性预测。如对国民经济运输量的预测，有正常运量、转移运量和新增运量等运输发展方向的预测。

②微观预测，是指从企业角度出发，对影响企业生产经营的市场环境、产品（劳务）及市场占有率等方面的预测，如运输企业对计划期运输劳务市场占有率的预测。

6. 按预测的空间层次分类，有国际市场预测和国内市场预测

①国际市场预测，是指对世界范围的市场动态以及各国进出口贸易行情的预测。

②国内市场预测，是指我国内部市场的预测，运输市场是国内市场的一个重要组成部分。

（三）运输需求量预测的任务

随着建设中国特色社会主义和社会主义市场经济的发展，预测在运输行业和其他行业正得到广泛的应用，诸如决策、编制规划、进行生产经营等活动，发挥了明显的作用和效果。我国的实际情况对运输需求量预测提出了以下3个方面的任务：

1. 运输需求量预测应为建设中国特色社会主义服务，为编制运输规划及时提供参考数据

建设中国特色社会主义，搞好现代化的经济建设，必须实现总供给与总需求的基本平衡，按市场经济的一般规律来进行。为此，国家、地方和各部门需要经常编制中、长期的规划。运输需求量预测就是为国家、地方各部门编制运输相关规划提供参考数据，就是要根据过去发展变化的客观过程和规律，参照当前已经出现和正在出现的各种可能性，运用科学的预测方法，提供今后运输发展可能出现的趋势和可能达到的水平，作为平衡和确定规划的参数。否则，国民经济就会产生比例失调的现象，给国家经济建设造成

损失。

2. 运输需求量预测应为有效组织社会生产和社会生活服务，为运输企业的生产经营活动及时提供有价值的参考数据

随着社会主义市场经济的发展，随着改革开放的深入，商品生产和交换繁荣兴旺，人们的物质文化生活正在逐步提高，为了组织好社会生产和社会生活，及时提供比较可靠的运输需求量预测资料具有重要意义。工业、农业、商业和建筑业等各行各业要从事的生产经营活动，都离不开运输业，从而形成了运输的需求。运输企业本身的生产经营活动，离不开对运输市场的预测，必须了解社会对运输的需求，否则运输业就会盲目规划、盲目建设、盲目经营，不是形成运输能力短缺，就是造成运输能力过剩，给国家造成损失，所以为了组织好社会生产，必须搞好运输需求量预测。

3. 运输需求量预测应为政府部门的决策服务，及时提供有关运输今后发展变化可能出现的趋势和可能达到的水平，以便决策时参考交通运输决策是政府部门决策的重要内容，例如，决定交通基础设施规模、超前的时间以及投资比例和金额等，就需要各种各样的调查资料、信息资料、经济技术资料和运输需求量预测资料。这些资料越丰富、越准确、更新越快，决策的科学性和准确性越强，越能排除领导者的主观臆断，使交通运输决策建立在实事求是和科学预测的基础之上，从而减少失误。

（四）运输需求量预测的一般原理

预测不是幻想，也不是臆造，而是一种研究未来的科学的理论和方法。对运输需求量进行预测的过程中，应遵循下列的一般原理：

1. 可知性原理

客观世界是可以认识的，人们不但可以认识过去和现在，而且也可以通过总结过去和现在，寻求其发展变化的规律性，以此来推测未来。

2. 系统性原理

强调预测对象是一个完整的系统，系统内有着各个子系统，子系统内部又有各个具体因素，系统外还有相关联的系统，彼此相互联系、相互作用。利用系统之间的相互联系和相互作用去进行预测，可以防止预测的片面性，

从而提高预测结果的准确性和有用性。

3. 连续性原理

事物的发展变化，是连续的、渐进的、统一的变化。因而，通过总结过去而预测未来时，可以利用这种连续性原理。

4. 相似性原理

各种事物之间尽管千差万别，表现出种种形态，但也有着一定的相似性，人们可以利用事物之间的这种相似性来进行类比、推断和预测未来。实践证明，事物未来发展变化和过去发展变化之间的相似性是经常出现的现象，有时可能出现惊人的相似性。

5. 因果性原理

因果性原理是指客观事物、各种现象之间存在着一定的因果关系，人们可以从已知的原因推测未知的结果。客观世界上任何现象都有其产生的原因，任何原因都必然产生一定的结果。因果联系常常同时间顺序性有直接关系，在一定范围内总是原因在前结果在后，即先因后果。因果联系是事物间最普遍的联系，把握住事物间的因果联系，就能提出解决问题的方法，在实践中可以增加预测的准确性。

6. 可控性原理

人们对于事物今后的发展变化，不是无能为力的，而是可以进行适当控制，至少在一定范围内可以适当控制。例如，对运价的变动、运输能力的地区配置、运输需求的变化趋势等进行控制，并进行调节和引导，促使其向着有利的方向发展。

二、运输需求量预测的内容与步骤

（一）运输需求量预测的内容

1. 社会总运输需求量的预测

对全国省、市、区内可能发生的客货运输总需求量进行预测，包括对各种运输方式的营业性运输单位承运和非营业性运输单位承运的所有运输需求量、国民经济的（或某一种运输方式的）正常运量、转移运量和新增运量等的预测。它是进行运输基础设施建设的重要依据，是各种运输方式进行规划的重要依据。

2. 在社会总运输需求量中，对各种运输方式的需求量预测

如对铁路货运量和货物周转量、铁路客运量和旅客周转量、公路货运量和货物周转量、公路客运量和旅客周转量，水路货运量和货物周转量、水路客运量和旅客周转量，以及民航的客货运量和周转量等的预测。

3. 运输企业在运输市场中的占有率预测

在很多情况下，占有率预测也是对运输企业竞争能力的预测。

在以上 3 类预测中，前两类属于宏观预测的范畴，第三类属于微观预测的范畴。由于预测的目的、要求不同，因此预测的内容粗细也不同。一般来讲，长期预测的内容要粗一些，短期预测的内容要细一些，例如，列入企业（部门）经营的运输需求量，不仅有客、货运量和周转量，还应包括上行、下行的运输量；旺季、淡季的运输量；货物运量中主要货物的分类和比重等。

（二）运输需求量预测原则

运输需求量预测的工作较为困难，因为影响运输需求量变化的因素很多，其中还有不少不确定因素。为了更好地预测运输需求量，在预测时需考虑以下几个原则：

1. 系统性原则

交通运输是一个复杂的大系统综合体，运输系统是一个设备复杂、生产环节众多、高度集中、指挥统一的现代化生产过程系统。运输场所纵横万里，遍布全国，各种运输方式各具特点，相互之间具有相互影响、相互作用的关系。一种货物从甲地运往乙地，往往要通过几种运输方式才能完成。另外，一种运输方式往往要有其他运输方式的配合才能形成综合运输能力，例如，一个港口如果没有公路和铁路的配套，就会因无法完成货物的集散疏运而起不到应有的作用。在交通运输系统中，一种运输方式的发展，有可能会促进或抑制其他运输方式的发展。因此，在运输需求量预测时，要充分考虑由于某一运输方式运输的变化可能对其他运输方式生产的影响从而带来对运

量变动的影响。

2. 派生性原则

运输业是一个特殊的生产和服务部门，对运输的需求，往往是由其他部门派生出来的。因此，在预测运输需求量时，就需要掌握影响运输需求的诸因素，特别是主要因素。其中尤其需要注意的是：国家和地区的有关经济发展和经济政策的情况；国内各个经济部门的分布及其业务概况与发展趋势。为了更好地、更合理地预测运输需求量，我们必须掌握好派生性原则。

3. 定量预测与定性预测相结合的原则

定量预测是通过建立数学模型，对事物进行定量分析，再根据这些分析，对事物的未来发展趋势做出预测。但是影响运输需求量的因素多种多样，有的可以定量，有的不可以定量，特别是某种突发性因素难以预料，所以用数学模型往往难以完全反映和包括外生或内生变量及其未来（特别是长期）的发展变化规律，因此与定性预测结合起来是非常有必要的，例如，用数学模型预测以后，再用专家预测法进行预测，然后进行对比分析，从而得出较为准确的预测值。在定性进行货运量预测时，采用经验方法——80-20规则便是较成功的一种方法。经验表明，对大多数运输方式（管道运输除外）来讲，80%的货运量往往是由少数几种货物（不超过20%）构成的；而其他80%以上货物种类的运量却只占总货运量的20%以内。在进行运量预测时，只要集中全力对少数几类主要的货物（通常不到十类）进行认真预测，再估计其余那些对货运量影响不大的货物运量，把它加到上述预测的总数中去即得到总货运量预测值。然后，把模型预测的总货运量预测值同用80-20规则得到的总货运量预测值加以对照比较，经专家修正，就可以得到比较准确的运量预测值。

同时，定量预测或定性预测本身也要多种方法相结合，才能提高预测精度。例如，定量预测可根据预测对象的变化规律分别采用回归分析法、时间序列分析法、定额法等同时预测，然后进行对比分析从而得出较为正确的预测值。一次成功的预测，都是采用几种方法同时预测的结果，用一种预测方法就想得到较准确的预测值，是比较困难的，甚至是不可能的。

4. 运输需求量变动区间原则

运输需求量是一个随机事件，影响它的因素经常变动，预测结果往往不可能十分准确。例如，运输基本建设的运输需求量预测，因为运输能力的增加通常要大量投资建设，而建设周期较长，所以运输能力往往以大幅度跳跃的方式增加，而运输需求量却是逐渐增加，这表明运输供应量往往具有较大的余地，因而对需求的预测允许有一定的幅度变动。另外，运输项目建设周期长，而且有时采用分期建设的办法，这就有机会在各阶段对预测的运输需求量加以检验、调整与修正。因此，对运输需求量预测的结果，允许有一个界限和区间。例如，在一定的时间内，某条公路的日通过量最少有20000辆，最多达到25000辆，这样预测比只提供一个预测值可能要好一些，利于决策更好地参考。

5. 综合水平原则

预测结果是否可靠，关键在于所用数据代表性、分析方法的针对性以及分析售货员的观察水平，三者都不可缺少，要按照预测的对象和预测要求正确选择预测方法，而且要充分占有历史和现状资料，力求准确完整。预测分析人员不仅需要理论知识，还必须具有实践知识和多学科的知识，只有这样，预测人员才能把握住运量变化和客观规律，再经过专家修正，得出较为正确的预测值。

（三）运输需求量预测的步骤

在具体进行运输需求量预测时，先做什么，后做什么，应该有一个统筹安排，即要规划好运输需求量预测工作的步骤。预测步骤有粗、细、多、少之分，而且预测的对象也不同，故预测的步骤也不一样，但一般来说，预测的基本步骤为：

1. 确定需要预测的对象，规定通过预测希望达到的目的

有了明确的预测目的，才能确定调查什么、向谁调查，决定预测方法，确定预测重点。预测目的应力求准确、明了、详尽、具体。同时还要确定预测结果希望达到的精度，精度要求不同，采用的预测方法和误差分析的要求也不同。

2. 制订预测计划

预测计划是指预测的具体内容、工作程序、参加人员及如何分工、资料收集计划、各阶段所需完成的工作量和日期等。

3. 资料的搜集、整理和检查

运输需求量预测的质量，在很大程度上取决于资料是否准确、及时、全面和系统。资料越是符合上述要求，就越能掌握运输发展的过程和规律性，从而使预测结果更接近于客观实际。预测时，要收集那些对预测对象未来发展影响较大的内部和外部环境多方面的资料，并对收集到的资料进行整理、分析和选择。资料是预测的基础，取得充分的、可靠的预测资料，才能取得正确的预测结果。

根据资料的来源不同，可分为原始资料和二手资料。原始资料也称为第一手资料，即未经过加工整理的，如财务的原始凭证、行车路单等。这类资料非常重要，经过科学的整理，可以从中发现运输发展变化的客观规律。二手资料是将原始资料经过加工整理、简化而成的资料，如政府部门的统计资料和调查报告，国外运输技术经济情报和国际运输市场活动资料，研究单位、大专院校、学术团体的科研成果，报刊、学术论文公布的资料等。

在预测过程中，我们不仅要搜集、整理资料，而且还要对资料进行检查，特别是利用二手资料时更应当如此。因为在对原始资料进行加工时，由于目的不同，使用的方法不同，加工人员的水平不同，所以加工的成果必然多种多样，因此，在使用时必须注意统计指标的口径、指标核算方法、统计时间、计算价值、计算单位等是否符合预测的要求。

4. 选择预测方法、建立预测模型

在预测时，应根据预测的目的、掌握资料的情况、预测的精度要求、预测费用的多少以及预测方法的应用范围来确定预测方法。有时还需要同时采用几种预测方法，提高预测的质量。选择预测方法还同预测对象的特点、变量间的关系有关。有的可以用时间序列法反映运输需求量变化的规律；有的可以用回归分析预测法；有的则需选择特尔菲法才能得到比较理想的预测结果等。总之，选择预测方法时，应当尽可能符合客观实际，尽量降低预测误差率，尽可能用两种以上方法同时进行预测，然后经过综合、对比、平衡，以取其最优预测结果。

预测方法同建立数学模型密切相关。所谓数学模型是反映预测现象之间的一种函数关系。在现实生活中，现象之间呈现出函数关系的情况是很多的，但现象间也并不是完全呈现函数关系。预测中使用的数学模型，是在一种比较稳定的因素形成的比较稳定的结构的基础上建立起来的数学表达形式。

数学模型由三个基本要素组成：

① 一组变量，如自变量 X，因变量 Y 等。

② 一组基本关系式，如 $Y=f(X)$ 等。

③ 几个参数，如参数 a,b,c 等。

数学模型中变量的选择取决于预测对象的结构特征、相关关系与模型的用途。所以，应当做好定性分析，使定量分析与定性分析结合起来，考察彼此之间是否具有内在联系。如国内生产总值与运输需求量之间变动的相关关系，很明显，国内生产总值为自变量，而运输需求量是因变量。数学模型中的基本关系式，通常表现为一种函数关系，用一种结构方程把自变量与因变量联系起来。每一个方程代表着一种特定的相关关系，说明在一定的结构中自变量的变动对因变量的变动的影响程度。数学模型中参数说明了自变量同因变量之间关系的影响程度和影响方向。参数取值不同，对自变量与因变量之间的关系就有不同的说明，因此用模型进行预测也会得出不同的结果。

5. 确定预测值

选择了预测方法，建立好数学模型之后，接着就是运用模型进行运算，确定预测值。

6. 对预测结果进行评价、修正

由于预测只是一种对未来事件的推测和预见，所以预测结果出现误差是不可避免的。因此，就需要对预测的结果进行分析、对比和评价，找出预测与实际之间的误差大小，若误差较小，在要求允许的范围之内，说明预测的效果较好；若误差较大，超出了允许的范围，说明预测的效果不好，不能采用。

若预测结果不好，应分析产生误差的原因，采用适当的方法对模型进行修正，然后再进行预测。常用的修正方法有：①增加变量个数；②增加样本容量；③改变方程结构形式；④改变预测方法等。

7. 编写预测报告

编写预测报告是预测工作的最后一步。预测报告应写明预测标题、参加人员、预测时间，还应简明扼要地写明预测目标、内容、方法、结果，最后还要写出分析评价的意见，以供决策者参考。

三、运输需求量预测的基本方法

预测的方法很多，但基本上可以分为经验判断法和数学分析法两种。经验判断法主要是依靠参加预测人员的经验与判断能力，根据已掌握的情况，对预测对象的未来发展做出估计。经验判断法是一种以定性描述为主的方法，此方法的优点是简便易行，适合于任何部门和企业，特别是对不可控因素和不可定量因素越多的预测对象，采用经验判断的方法更为适合。但经验判断法也有缺点，主要是主观随意性大，易发生疏忽和失误，对参加预测人员的素质要求较高。数学分析法是通过建立数学模型，分析各种影响变化因素之间的函数关系，计算预测值来预测事物发展的变化。数学分析法以各种统计资料为依据，要求统计资料完整、连续、正确，否则就将影响预测的准确性。

（一）经验判断法

经验判断法主要有经理人员判断法、专家预测法等。

1. 经理人员判断法

经理人员判断法，就是由负责的经理人员召集计划、运务、财务等有关职能部门的负责人，通过会议听取他们的汇报和意见，通过参与会议人员所掌握的调查报告和其他资料，讨论分析，交换意见，做出预测。这种方法的优点是简便易行，省时省力，在实际工作中应用较多。例如，经常性的业务碰头会、业务分析会等都属于这种方法。

运用经理人员判断法时容易出现两种倾向：一是过分依赖主管人员，尤其是高级主管人员的主观判断,有时预测结果不甚准确;二是预测趋势往往会受到当时市场形势的左右,产生过分乐观或悲观的倾向。因此,经理人员判断法的应用效果受参加预测人员素质的影响较大。

2. 专家预测法

专家预测法,又称特尔菲法,是美国兰德公司首先用于预测的一种定性预测方法,是采用匿名和反复征询专家意见的预测方法。

特尔菲法在应用时,首先要组成一个专家组,他们除了拥有丰富的本专业的有关知识外,还应熟悉各种相关知识和预测技术。专家组的人数既不能太少也不能太多,人数太少则预测出的指标不一定准确,人数太多则不便于组织,一般在10~30人。

特尔菲法的预测过程是由组织者把被预测的事物、目的要求、有关的背景材料分别寄给各位专家,要求他们在规定的时间内运用他们的见解进行分析计算,然后把结果寄给组织者。需要注意的是,在结果上不能署名。至此,第一轮预测结束。然后由组织者把各位专家的意见进行归纳整理,再把归纳出来的第一轮结果分别寄给各位专家,要求他们在规定时间内进行分析、计算、判断,得出第二次结论和意见,再由组织者进行综合整理。

各个专家由于经历、经验和使用的方法不同,将得出不同的结论,甚至差别很大。经过若干次反复,专家的意见趋于一致,预测的精度也将随着反复次数的增加有所提高。当各专家的意见基本接近时即可停止反复,由组织者采用统计方法对专家意见进行处理,得到预测结果。

在采用特尔菲法预测时,应注意:

①制订征询表时应满足:问句含义唯一;问题集中且问题不宜过多,回答时间最好不要超过120 min;有足够的空白,让专家充分表达意见;让专家自我评定,如对问题的专长程度、熟悉程度、对自我估计的置信程度等。

②运输需求量预测组织者不以任何形式、理由加入自己的意见,要完完全全地表达专家的意见。

特尔菲法最大的优点在于它的匿名性,避免权威影响而随大流,能真正表达每一个专家的意见,能有控制地反复多次,使意见逐渐趋于一致,最后做出统计评估,使定性分析同定量分析结合起来。由于这些优点,所以特尔菲法被广泛采用。

(二)数学分析法

当历史统计资料准确、详细完备,事物发展变化的客观趋势比较稳定,较少有持质的突变时,一般运用数学分析法来预测运输需求量。

数学分析法主要有时间序列分析预测法、回归分析预测法(因果分析预测法)和马尔科夫预测法等。

1. 时间序列分析预测法

时间序列分析预测法的基本思想是:根据过去的历史资料,依据一组观察数值来推算事物未来的发展情况。因此,对过去的时间序列数据进行分析,就能推测事物的变化趋势,做出预测。运输需求量常用的时间序列预测方法主要有移动平均法、指数平滑法、季节系数法等。

(1) 移动平均预测法

①一次移动平均法。移动平均预测法是按照时间的先后顺序,向前移动进行平均数计算,并以移动平均数作为下一周期的预测值。

设时间序列为:y_1,y_2,…,y_i,… 计算公式:

$$M_t^{(1)} = \frac{y_t + y_{t-1} + \cdots + y_{t-N+1}}{N} \qquad (2-20)$$

式中:$M_t^{(1)}$——第 t 周期的一次移动平均数;t——时间周期数;N——分段数据个数。

该法可以对原时间序列中的大起大落等不正常现象进行修正,剔除其中偶然因素引起的变化,从而提炼出规律性的东西。修正的程度取决于计算平均数时数据个数 N 的大小。N 大,则修正程度就大,但时间后移也大,随之敏感性就变差;N 小,则修正程度就小,但时间后移也小,随之敏感性就高。N 的取值视具体情况而定。

第 $t+1$ 期预测值 $\hat{y}_{t+1} = M_t^{(1)}$。

②二次移动平均法。由于一次移动平均法往往不能发挥足够的修正作用,所以在实际应用中一般还需要进行第二次移动平均计算。二次移动平均数计算公式:

$$M_t^{(2)} = \frac{M_t^{(1)} + M_{t-1}^{(1)} + \cdots + M_{t-N+1}^{(1)}}{N} \tag{2-21}$$

式中：$M_t^{(2)}$——第 t 周期的二次移动平均数；$M_t^{(1)}$——第 t 周期的一次移动平均数；N——分段数据个数。

二次移动平均计算的目的不是直接用于预测，而是为了求出平均数；当移动平均数时间序列具有线性趋势时，用来修正第一次移动平均数的滞后现象。

原时间序列经过一次或几次移动平均，基本消除了偶然因素产生的影响以后，其变化趋势基本稳定，就可以根据新的时间序列建立预测数学模型。用二次移动平均法进行预测的公式为：

$$\hat{y}_{t+T} = a_t + b_t T \tag{2-22}$$

式中：T——由目前周期 t 到需要预测的周期数；$\hat{y}_{t+T}$——自第 t 周期起，到需要预测的以后第 T 周期预测数。

$$a_t = 2M_t^{(1)} - M_t^{(2)} ; \quad b_t = \frac{2}{N-1}\left(M_t^{(1)} - M_t^{(2)}\right)$$

③用移动平均法预测铁路客运量。季节变动因子的测定方法是：首先计算各年的同季平均数，然后计算所有各季的季总平均数，最后，分别用各个同季平均数分别除以季总平均数，即可求得各季的季节变动因子。

二次移动平均法仅适用于线性趋势的数据，如果数据变化有非线性趋势，可用三次指数平滑法加以解决（见指数平滑预测法）。

(2) 指数平滑预测法

指数平滑预测法是移动平均预测法的改进和发展，它既有移动平均预测法的优点，又在一定程度上克服了移动平均预测法数据存储量大的缺点。指数平滑预测法是对整个时间序列加权平均来预测的。

①一次指数平滑法。其计算公式为：

$$F_t^{(1)} = \alpha y_t + (1-\alpha) F_{t-1}^{(1)} \tag{2-23}$$

式中 $F_t^{(1)}$——第 t 周期的一次指数平滑平均数；y_t——第 t 周期的实际数；α——加权系数；$F_{t-1}^{(1)}$——第 $t-1$ 周期的一次指数平滑平均数。

指数平滑法是将第 t 周期的指数平滑数值，原封不动地作为 $t+1$ 周期的预测值，即 $\hat{y}_{t+1} = F_t^{(1)}$。

指数平滑预测法是利用平滑平均数的计算对时间序列进行修正的一种有效方法。在被预测事物中，绝大多数都存在着周期的波动和不规则变动，利用指数平滑预测法就可以在计算时对其进行修正。在修正过程中，对过去的数据分别加以不同的权数。数据越近，权数越大，数据越远，权数越小。加权系数 α 的大小，也对原时间序列的修正程度有决定性的影响。α 的大小与修正程度成反比。但是，在反映最新数据的敏感性方面，与 α 取值的大小却成正比。因此，如果指数平滑的目的在于用新的指数平滑平均数去反映时间序列中所包含的长期趋势，那么，α 取值以择小者为好。在通常情况下，取 α＝0.1 即可将季节变动的影响基本消除，将循环变动和不规则变动的影响大部分消除。α 的取值范围：$0 \leqslant \alpha \leqslant 1$。在长期预测中，α 一般在 0.1～0.3 之间。

初始值的估计。由公式（2－23）可知，在计算某一期指数平滑平均数时，总是需要前一期的指数平滑平均数作为起点，那么第一个指数平滑平均数怎么办？即初始值 $F_0^{(1)}$ 如何估计。从公式（2－23）可以推知 $F_0^{(1)}$ 项的加权系数为 $(1-\alpha)'$，是很小的数，即 $F_0^{(1)}$ 的数值对 $F_t^{(1)}$ 的计算结果影响很小，因此，可避免用烦琐的公式计算 $F_0^{(1)}$，采用下述两种方法估计 $F_t^{(1)}$ 的值：

②二次指数平滑法。为了提高指数平滑法对时间序列的吻合程度，可以在一次指数平滑的基础上再进行一次指数平滑，这就是二次指数平滑，其计算公式为：

$$F_t^{(2)} = \alpha F_t^{(1)} + (1-\alpha) F_{t-1}^{(2)} \qquad (2-24)$$

式中：$F_t^{(2)}$——第 t 周期的二次指数平滑平均数；α——加权系数；$F_{t-1}^{(2)}$——第 $t-1$ 周期的二次指数平滑平均数。

二次指数平滑一般不直接用于预测，而是仿照二次移动平均法的原理，用来修正线性趋势变化的滞后现象。二次指数平滑后，就可以建立进行预测的公式了。其公式为：

$$\hat{y}_{t+T} = a_t + b_t T \qquad (2-25)$$

式中：T——时间序列；$\hat{y}_{t+T}$——自第 t 周期起，到需要预测的以后第 T

周期预测数。

$$a_t = 2F_t^{(1)} - F_t^{(2)}; \quad b_t = \frac{\alpha}{1-\alpha}\left[F_t^{(1)} - F_t^{(2)}\right]$$

③用指数平滑法预测铁路货运量。

④三次指数平滑法。如被预测的数据曲线出现曲率时，二次指数就不适用了，此时必须采用三次指数平滑法。其计算公式为：

$$F_t^{(3)} = \alpha F_t^{(2)} + (1-\alpha)F_{t-1}^{(3)} \tag{2-26}$$

式中：$F_t^{(3)}$——第 t 周期的三次指数平滑平均数；$F_{t-1}^{(3)}$——第 $t-1$ 周期的三次指数平滑平均数。

预测公式为：

$$\hat{y}_{t+T} = a_t + b_t T + c_t T^2 \tag{2-27}$$

式中：$a_t = 3F_t^{(1)} - 3F_t^{(2)} + F_t^{(3)}$

$$b_t = \frac{\alpha}{2(1-\alpha)^2}\left[(6-5\alpha)F_t^{(1)} - 2(5-4\alpha)F_t^{(2)} + (4-3\alpha)F_t^{(3)}\right]$$

$$c_t = \frac{\alpha^2}{2(1-\alpha)^2}\left[F_t^{(1)} - 2F_t^{(2)} + F_t^{(3)}\right]$$

（3）预测误差的判断

时间序列往往是不规则的，在预测中会产生误差。衡量误差不能以某一次预测结果作为评定的标准，应当用统计平均的方法来判断。目前，常用的方法有平均绝对误差和平均平方差。

①平均绝对误差。时间序列 $y_1, y_2, \cdots, y_n$ 为观察值，$\hat{y}_1, \hat{y}_2, \cdots, \hat{y}_n$ 为预测值。

平均绝对误差为：

$$MAD = \frac{1}{n}\sum_{i=1}^{n}|y_i - \hat{y}_i| \tag{2-28}$$

②平均平方差为：

$$MSE = \frac{1}{n}\sum_{i=1}^{n}(y_i - \hat{y}_i)^2 \tag{2-29}$$

在实际应用中常采用标准差

$$S = \sqrt{\frac{1}{n}\sum_{i=1}^{n}(y_i - \hat{y}_i)^2} \tag{2-30}$$

2. 回归分析预测法

回归分析预测法，是根据事物发展的因果关系，建立数学模型，推算变量的未来值。它能够较精确地进行中、短期预测，也能适应长期预测的需要，是运输需求量预测中常用的方法。一元线性回归预测法是针对两个线性相关的变量进行预测的一种用途很广的方法。

①一元线性回归方程的一般形式：

$$\hat{y} = a + bx \tag{2-31}$$

式中：x——自变量；$\hat{y}$——因变量；a、b——待定参数，又称为回归系数。按以下公式求出参数 a、b：

$$b = \frac{n\sum xy - \sum x \cdot \sum y}{n\sum x^2 - \sum x^2} \tag{2-32}$$

$$a = \frac{\sum y - b\sum x}{n} \tag{2-33}$$

式中：n——数据组数。

a、b 系数求出后，就可根据（2-31）式和 x 值的变化，去推算 y 值的未来变化。

②相关系数 r。相关系数 r 是研究两个变量 x，y 之间有无线性关系及其相关程度的系数。计算公式为：

$$r = \frac{n\sum xy - \sum x \cdot \sum y}{\sqrt{n\sum x^2 - \sum x^2}\sqrt{n\sum y^2 - \sum y^2}} \tag{2-34}$$

相关系数 r 的取值范围为：-1 r 1。r 的绝对值接近 1，说明 x 和 y 线性关系越好；否则线性关系越差；其值接近 0，就可认为二者完全没有线性关系。

③置信区间的估算问题。通过回归方程（2-31）可由 x 值预测 y 值（$\hat{y}$），，由于因变量 y 受自变量 x 以外其他因素的影响，实际观测值与其对应预测值 y 之间常有误差存在。如果预测值 y 绕拟合回归线散布较大。那么，根据回归方程计算出的预测值与实际观测值的偏差也大，反之亦然。为了判断误差大小，就必须弄清实际值的散布范围，我们需要用数理统计方法

来计算置信区间。

a. 标准离差 $S(y)$。各预测值的标准离差 $S(y)$ 表示回归直线周围个体数据点的密集程度。$S(y)$ 的计算公式为：

$$S(y) = \sqrt{\frac{\sum(y-\hat{y})^2}{n-2}} \cdot \sqrt{1 + \frac{1}{n} + \frac{{x_0 - \bar{x}}^2}{\sum(x-\bar{x})^2}} \quad (2-35)$$

式中：$n-2$——统计量自由度；x_0——预测点的自变量的数值。

b. 置信区间的计算公式。

上限：$\hat{y} + t_{\alpha/2}, n-2 \cdot S(y)$ (2-36)

下限：$\hat{y} - t_{\alpha/2}, n-2 \cdot S(y)$ (2-37)

式中：α——显著性水平；$n-2$——统计量自由度；$t_{\alpha/2}, n-2$——t 分布临界值，可由 t 分布表查得。

④一元线性回归预测法解题程序。第一，作散点图；第二，分析散点图；第三，计算回归系数 a、b，得回归方程式 y＝a＋bx；第四，检验用一元线性回归方程式的可靠性；第五，预测。

第三章　物流与交通运输经济

第一节　各种运输方式技术经济特征分析

一、各种运输方式的基本技术经济特征

各种运输方式虽然大都能提供客、货位移，但由于它们的技术性能（如运送速度、运输能力、通用性、连续性、机动性）、对地理环境的适应程度以及经济指标（运输成本、运输能耗、资金占用量）等不同，因此各有一定的适用范围。

（一）铁路运输分析

铁路运输是由铁路、车站枢纽设备、机车车辆诸要素协调配合，共同实现客、货位移的现代化运输方式。铁路运输主要有如下技术经济特征：

1. 牵引重量大

机车的牵引力是动力和线路状况的函数。在4‰的坡道上，蒸汽机车、内燃机车、电力机车的牵引力分别为4100 t、5700 t，电力机车最大可达9300 t。国外内燃机车和电力机车最大牵引力可达7000～8000 t。

2. 输送能力强

输送能力取决于机车、线路和管理状况。在6‰的坡道上，蒸汽机车、内燃机车和电力机车的年输送能力分别为1280万t、1520万t和2000万t，在复线自动闭塞的线路上，年输送能力可达7000～8000万t。

3. 长途运输成本低

运输成本与运距、运量以及运输密度成反比。铁路运输的重载和高密度，决定它得以保持较低的运营支出。一般说铁路运输成本比河运和海运要高一些，但比公路和航空运输要低得多。美国铁路运输成本分别为公路汽车的 1/7 和航空的 1/18。

4. 运输连续性强

凭借独特的钢制固定轨道，铁路能克服自然条件的种种限制，保证一年四季、昼夜不停地连续运输。

5. 运输速度较快

铁路列车的技术速度较高，但是在货物列车运行过程中，需要进行列车的编组、解体等技术作业，因而运营速度比技术速度要低很多，使货物的送达速度降低。缩短列车的技术作业时间，提高始发直达列车的比重，可以提高货物的送达速度。

6. 基本建设投资大

铁路运输由于固定设施的工程费、建筑材料、劳动力消耗大，因此线路投资高。

7. 能耗少，环境污染程度低

铁路运输是沿着轨道行进的，车辆借助于轮轨接触面间产生的蠕滑力行进，因此，铁路运输轮轨之间的摩擦阻力要小于汽车和飞机受到的摩擦阻力。铁路机车单位功率所能牵引的重量约比汽车高 10 倍，也比飞机高得多，从而铁路运输单位运量的能耗也比公路运输和航空运输小得多。高速旅客列车的能耗按人·公里计不到汽车和飞机的 1/50。由于能耗小，在各种运输中铁路是仅次于水运的对环境影响较小的工具之一。有数据表明，铁路运输对生态环境的污染比例为 3.9%，只相当于公路运输（79.7%）的 1/20，航空运输（10.9%）的 1/3。随着科技水平的提高，铁路运输在能耗和环保上的优势更加明显：如随着重载技术的发展，单位运量的能耗将进一步降低；磁悬浮列车的开通和铁路电气化程度的提高，将使能耗和对环境的污染减少到最低程度。

（二）公路运输分析

公路汽车运输是发展最快、应用最广、地位日趋重要的一种运输方式。公路汽车运输主要有如下技术经济特征：

1. 直达性好

汽车运输的直达性可转换为 3 个效益，即：距离效益，主要指汽车运输可以抄近路，而使运距少于铁路和水运；时间效益，指公路汽车运输的送达速度比铁路、水运快而带来经济效益；质量效益，主要表现为汽车直达运输只要一装一卸，货物损伤少，而铁路运输通常需要多装多卸，货物损伤要大得多。

2. 机动灵活

汽车运输以一人一车为基本特点，体形小，操作方便，又无须铁路那样的专门轨道，对各种自然条件有较强的适应性，机动灵活，农村运输、城市内部运输、城乡联系、铁路和水运港、站旅客和货物的集散、日用百货和鲜货的定期运输，主要由汽车承担。

3. 载运量少

汽车运输运载量小，劳动生产率低，成本高。因此，不适于运载大宗、笨重物资。

4. 环境污染严重

公路运输的环境污染比较严重，包括噪声污染、营运车辆的尾气等。欧盟的一项研究统计结果表明，大气污染的 90% 是由公路运输汽车尾气污染引起的。

（三）水路运输分析

水路运输包括内河运输和海洋运输两种形式，由船舶、航道、港口、泊位诸要素构成，凭借水的浮力与机械动力实现客货位移。水运主要有如下技术经济特征：

1. 线路投资少

水运是线路投资较省的一种运输方式，江河、湖、海为水运提供了天然、廉价的航道，只要稍加治理，建立一些轮船泊位和装卸设备，便可供船只通航。

2. 运载量大

水运比其他陆上运输有较大的载运量。内河驳船运载量一般相当于普通列车的 3~5 倍。最大的矿石船可达 28 万 t，超巨型船舶可达 50 万 t。

3. 运输成本低

由于线路投资少和运载量大，内河航运成本分别为铁路运输和公路汽车运输的 1/5 和 1/35，海运成本分别为铁路和公路运输的 1/8 和 1/53。

4. 运输速度较低

水上运输船舶送达速度慢，船舶的技术速度慢（只有汽车的 1/2，火车的 1/3），在港停泊的时间长（约几天到十几天），有些货物要几个月甚至半年才能送到用户手中。

5. 灵活性差

水运受自然环境限制大，因此运输灵活性较差。水运网的分布是自然结果，往往与运输的经济要求不一致，而且很少能直线行驶；灵活性差，往往因航道河流枯水、冰冻以及大风和浓雾而被迫中止运输。

（四）航空运输分析

航空运输是由飞机、机场、导航设备诸要素协调配合，共同实现客、货位移的最快速的一种运输方式。航空运输主要有如下技术经济特点：

1. 速度快

具有先进性能的民航飞机，如波音 737、空客 350 等，飞行速度都在 900 km/h 以上，这是其他运输方式望尘莫及的。

2. 径路短，不受地面条件影响

航空运输是在三维空间进行的，它几乎不受地面任何障碍物的影响。能实现两点间的直线运输，并可以到达其他运输方式不能到达的地方。

3. 基建成本低

开辟一条 1000 km 的民航线路，需投资 5 亿元，占地 1 万亩。而新建一条同样长的铁路需要投资 20 亿元，占地 4.5 万亩。

4. 服务频次高

北京至广州的火车，一天的发车频次为10趟左右，旅行时间为9h左右。而北京至广州的飞机，一天的航班有60班左右，后者的服务频次约为前者的6倍。

5. 运输成本高

航空运输的运输成本高，运价昂贵。由于飞机造价高，飞行消耗高级燃料多，运载量较小，因而它的每吨·公里运输成本相当于公路汽车运输的7倍，铁路的18.6倍，水路的146倍。

6. 易受气候影响

航空运输受天气状况限制大。航空运输主要受惠于空气的浮力，所以气象状况是最大限制因素。早期的飞机机型小、速度慢、燃料容积小，只能在低空飞行，暴雨、大风均使飞行受阻。后飞机性能得到显著改善，而且人们还用雷达、除冰设备、夜航标以及各种辅助设施同恶劣天气做斗争，由天气限制和支配航行的现象比以前大有改善。尽管如此，在冰、飘尘、暴雨和其他异常天气时，飞行仍受干扰，甚至造成事故。

(五) 管道运输分析

管道运输是运输工具与线路合二为一的运输方式。它既可以输送液体和气体（如石油、天然气），又可输送固体物资（如煤炭、矿石、建材等）。管道运输主要有如下技术经济特征：

1. 工程量小，占地少

由于管道运输只需铺设管线，修建泵站，土石方工程量比修建铁路小得多，而且在平原地区大多埋在地下、不占用农田。

2. 连续性好

管道受自然条件影响小，可保证一年四季昼夜均匀运输。

3. 污染少

管道运输基本上不污染环境。

4. 投资巨大

管道运输的主要缺点是修建管道、加油站和储油器都要耗费巨额投资。

5. 灵活性差

管道线路一经确定，运量无调节余地，运输弹性小、灵活性差。

综上所述，可以看出，每一种运输方式各自都具有另外一种运输方式所不具有或者不完全具有的优点，也就是说，各种运输方式都有其最有利的适用范围，如表3－1和表3－2所示。

表3－1　　　　　　　　不同运输方式的运输对象

运输方式	运输对象
铁　路	采掘行业、重工业制造、农产品等
公　路	中间产品和轻工业产品制造、批发商与零售商之间的配送等
水　路	矿产品和基本散装商品、化工制品、服装、某些农产品等
民　航	轻、薄、短、小的高价值物品，以及邮件及贵重的鲜活货物等
管　道	石油、浆状煤炭、天然气等

表3－2　　　　　　　各种运输方式技术经济特征比较

运输方式	基建投资 线路	基建投资 运具	运载量	运价	速度	连续性	灵活性
铁路	5	1	2	3	2	1	3
河运	3	3	3	2	5	5	4
海运	1	2	1	1	4	4	5
公路	4	4	4	4	3	2	1
航空	2	5	5	5	1	3	2

从各种运输方式的技术经济特征的某一方面看，一种运输方式较另一运输方式优越的情况是有的，但若全面加以考察，就会发现各种运输方式互有优劣。应该指出，各种运输方式的技术经济特征及其优缺点不是一成不变的。每种运输方式都将随着生产技术和社会经济的发展、科学技术的不断进步、运输条件、运输组织以及社会的其他一些重要因素（如制度、文化等）的影响而不断发展变化。

二、交通运输方式构成结构分析

(一) 各种运输方式结构分析

各种运输方式结构也可以说是中观运输结构,这是从运输业内部考察各种运输方式的相互关系及其构成比例,其内容包括:①客、货运输量构成比例及运输分工和协作;②各种运输方式运网结构及其衔接;③运输投资分配比例关系。考察中观运输结构,目的在于发挥各种运输方式的优势,扬长避短,并采取措施,引导和调控运量分配,建立合理运输结构,在于发现各种运输方式的滞后程度,以便确定建设重点,在于推进运输协作,发展联合运输。

中华人民共和国成立以来,我国交通运输由比较单一的结构发展为多元结构,铁路、公路、水运、航空和管道五种运输方式客、货运量构成比例和运网发展规模,反映了各种运输方式在综合运输体系中的地位和作用。随着经济的发展、产业结构和产品结构的变化、科学技术的进步、人民生活水平的提高,以及自然地理资源的开发和利用,运输需求发生了变化。各种运输方式为了适应运输需求,运输分工和客、货运量分配比重也发生了变化。

1. 客运结构

客运结构是指为了满足旅客运输需求而构建的一系列设施、设备和组织形式的总称。它涵盖了从旅客出发到到达目的地整个过程中所涉及的所有环节和组成部分。

客运结构的核心是客运站,这是旅客集散、换乘和中转的场所。客运站通常设有售票厅、候车室、行包房、站台、停车场等设施,为旅客提供购票、候车、行李托运、上下车等一系列服务。此外,客运站还承担着车辆调度、运营管理等重要职能,确保客运工作的有序进行。

除了客运站,客运结构还包括了运输线路、运输工具以及相关的运营组织和管理体系。运输线路是连接各个客运站的纽带,包括公路、铁路、水路和航空等多种方式。运输工具则是实现旅客位移的载体,如客车、火车、船舶和飞机等。这些运输工具和线路的选择,需要根据旅客的需求、运输成本、运营效率等多方面因素进行综合考虑。

在运营组织和管理方面,客运结构需要建立完善的调度指挥系统、安全管理系统、服务质量监督体系等。这些体系能够确保客运工作的安全、高效、有序进行,同时提高旅客的满意度和舒适度。

此外,随着科技的不断发展,客运结构也在不断创新和升级。例如,电子票务系统、智能化候车室、自助检票机等现代化设施的应用,大大提升了客运服务的便捷性和效率。同时,互联网、大数据等技术的运用,也使得客运管理更加智能化和精细化。

综上所述,客运结构是一个复杂而庞大的系统,它涉及到多个方面和环节。只有不断优化和完善客运结构,才能更好地满足旅客的出行需求,提高客运服务的水平和质量。

2. 货运结构

货运结构演变的主要影响因素包括:

(1) 需求结构(产业结构)的变化

主要发达国家经济和运输发展的历史分析表明,运输结构的变动正是适应运输需求变化的反映,运输需求结构的变化其根源在于产业结构的变化,产业结构和运输结构存在着内在的必然联系。产业结构的变化必然引起产品结构的变化,从而导致运输的货种结构随之变化,而各种运输方式的技术经济特征不同,其适用对象与优势范围也不同,因此,随着货种结构的变化各运输方式的发展速度也相应变化,致使运输结构随之变化。

不同的产业结构阶段,社会生产和居民消费对货物运输的要求在数量上和质量上是有区别的,货物运输的发展首先是从满足数量的需求开始,然后逐渐适应快速、方便、安全、节约包装等运输要求。总的趋势是运输要求多样化、高质量的需求越来越大,不同时期的产业结构要求有与之相适应的运输结构为其服务,以取得最佳的社会经济效益。

(2) 供给因素的变化

运输业的供给是科技进步为运输工具的革新所提供的物质基础。蒸汽机的发明导致了19世纪铁路的出现,水上运输也由帆船发展为轮船。20世纪初以电气化和化学化为标志的第二次技术革命使得汽车工业和航空工业也适时发展起来。到 20 世纪 50～60 年代以后，发生了以电子信息、新型材料、生物技术等为标志的第三次技术革命，各种运输方式借助于技术革命的成果不断改进各自的运输工具，向高速、重载、低能耗的方向发展。各种运输方式通过技术革新提高自身的竞争力，如逐渐失去垄断地位的铁路通过高速铁路的研制成功又可与航空运输、高速公路一争高低，现代信息技术突飞猛进的发展又促进了交通运输业以组织管理电子计算机和运输工具智能化为主要特征的深刻变革。总之，科学技术的进步不仅使 5 种现代运输方式得以改进提高，而且使得整个交通运输业向着运输方式多样化发展。

（3）国内经济政策的影响

政策因素是根据运输需求的变动而对某种运输方式给予扶持或限制，是调整运输结构的手段。其中投资结构是调整运输结构最直接的手段，运价、信贷和税收是联动的经济杠杆，对运输结构的调整也起到巨大的作用。

经济政策的合理与否，也会影响到运输结构的变化与合理化。例如，美国当年为加速铁路建设，政府曾大量赠予所需土地，并采取提供低息或无息贷款，减免税收和财政补贴等一系列优惠措施，第二次世界大战前后又由各级政府出资对公路和航空业的高速发展提供了有力支持，这都对运输结构的调整产生了重要影响。

除了以上 3 个方面外，地理位置、资源分布和生产力布局等也是影响货运结构的重要因素。

从前面综合分析可知，我国已经扭转改革开放前客、货运输过分依赖铁路，铁路负担过重的局面，而朝着发挥各种运输方式的优势，在各种运输方式之间既有分工又存在一定竞争的结构优化的方向变化。我国运输结构的这种变化趋势，也符合世界运输结构的变化总趋势。

（二）运输方式内部构成比例

运输活动是在广阔的空间进行的，线长、点多，既有固定设备，又有活动工具，只有资源配置协调，才能使运输生产活动各个环节相互配套，构成比例适当，从而形成最大的运输能力，保证运输任务的完成。运输方式内部构成比例是多方面的,我们先对铁路和公路的内部构成比例加以分析。

(三)运输结构评价

第一,我国是幅员辽阔的大陆国家,资源分布大多在西部和北部,而加工工业多分布在东部和南部,物资的长途调运主要靠铁路。

第二,我国产业结构重工业比重大于轻工业比重,长、大、重物资的运输量所占比重也大,这些物质多利用铁路运输。

第三,我国能源结构以煤炭为主。煤炭占国内一次能源生产和消费的比重达到60%左右,其资源主要分布在北方内陆地区,必须靠铁路运输。

第四,铁路运价较低,低于内河水运,更低于公路,由于铁路直达运输往往比铁路—内河水路联运还便宜。

公路运输由于机动灵活,可实现"门到门"运输,更适应市场变化的需要,在中短途运输方面具有优势,所以改革开放四十多年来,发展很快,在运输结构中的地位愈来愈重要。

水路运输特别是沿海和长江运输在进行大宗物资长途运输方面仍具有很大优势,发挥了很大作用。

航空运输在完成长途客运、加强国际交往方面,管道在进行油、气输送方面,都具有突出优势,是其他运输方式很难代替的。

三、高新技术在交通运输行业中的应用与发展

(一)科学技术是交通运输发展的催化剂

科学技术是第一生产力的规律,随着科学技术在世界各国的经济发展过程中的作用与贡献的强化而不断被人们运用与掌握。人类经济社会的发展,主要表现在人类适应自然、利用自然以及协调人与自然之间的相互关系的能力的不断提高。人类能力提高的基本标志,在于人类科学技术创新的速度,在于运用科学技术创新的成果于具体经济活动的广度与深度。当今世界各国经济发展的潜力与综合国力的真正分水岭是一国的科学技术及其创新、应用能力。

即一国的经济发展,归宿与科学技术的应用。

运输的发展，实际上遵循了上述规律。世界范围内运输系统的每一次革命性变化，都是当时技术革新、应用与科学发展的直接产物。从以自然力——畜力、风力等为动力的马车、帆船等，到以蒸汽、内燃机、电力等为动力的火车、汽车、飞机，人类经历了漫长的岁月，但每种新运输方式的兴起，都是由于科学技术的作用才完成的。因此科学技术是交通运输发展的催化剂，是交通运输发展的首要推动力量。总之，技术的创新与应用，是新运输方式或新运输系统形成的决定性推动力量，或者说是运输发展的首要推动力量。历史已经证明并将继续证明，科学技术的应用是运输发展的不竭动力。

（二）高新技术应用与运输技术创新

高新运输技术主要是指：新的技术在运输上的应用；新的运输方式；新的运营组织与管理。根据高新运输技术的特点，可以将其归结为两大类，即有关运输移动设备（如车辆）基础设施技术部分和已有运输系统的运营管理技术。实际上前者表示运输"硬件技术"；后者表示运输"软件技术"。近年来，中国交通运输技术应用与运输技术创新能力大幅跃升，核心技术逐步自主可控。

1. 交通超级工程举世瞩目

高速铁路、高寒铁路、高原铁路、重载铁路技术达到世界领先水平，高原冻土、膨胀土、沙漠等特殊地质公路建设技术攻克世界级难题。离岸深水港建设关键技术、巨型河口航道整治技术、长河段航道系统治理技术以及大型机场工程建设技术世界领先。世界单条运营里程最长的京广高铁全线贯通，一次性建成里程最长的兰新高铁，世界首条高寒地区高铁哈大高铁开通运营，大秦重载铁路年运量世界第一。世界上海拔最高的青海果洛藏族自治州雪山一号隧道通车。川藏铁路雅安至林芝段开工建设。港珠澳大桥、西成高铁秦岭隧道群、洋山港集装箱码头、青岛港全自动化集装箱码头、长江口深水航道治理等系列重大工程举世瞩目。

2. 交通装备技术取得重大突破

交通装备技术近年来取得了重大突破，这些突破不仅推动了交通运输行业的快速发展,也极大地提升了人们的出行体验和安全水平。

在智能网联汽车领域,中国已经形成了涵盖基础芯片、传感器、计算平台、底盘控制、网联云控等在内的完整产业体系。激光雷达等关键零部件企业的崛起,助力中国在智能网联汽车核心技术领域取得重大突破,并得以参与全球竞争。此外,随着自动驾驶技术的不断进步,智能网联汽车已经能够实现部分或完全自动驾驶,提高了道路行驶的安全性和效率。

在轨道交通方面,技术突破同样显著。例如,上海轨道交通 22 号线(崇明线)的建设中,采用了超大直径盾构机进行掘进,成功穿越了长江天堑,实现了南港越江超大直径盾构区间隧道的顺利贯通。这一技术突破不仅解决了复杂地质条件下的隧道施工难题,也为后续类似工程提供了宝贵经验。同时,随着高速铁路技术的不断发展,中国的高铁网络已经覆盖全国大部分城市,运行速度和安全性能均达到了世界领先水平。

此外,在新能源和绿色交通装备方面,也取得了显著进展。电动汽车、氢能汽车等新能源交通工具的普及,不仅减少了碳排放和环境污染,也推动了汽车产业的结构调整和转型升级。同时,绿色交通基础设施的建设和完善,如充电站、加氢站等,也为新能源交通工具的推广提供了有力保障。

在交通安全和效率方面,交通装备技术的突破也带来了显著提升。例如,智能交通系统的应用,通过实时监测和分析交通流量、车速等数据,能够优化交通信号控制、提高道路通行能力;同时,智能车辆安全系统的普及,如防碰撞预警、紧急制动辅助等,也大大提高了行车安全性。

综上所述,交通装备技术的重大突破不仅推动了交通运输行业的快速发展,也提升了人们的出行体验和安全水平。未来,随着技术的不断进步和创新,交通装备技术将继续为交通运输行业的发展注入新的活力。

3. 智慧交通发展步伐加快

推进"互联网+"交通发展,推动现代信息技术与交通运输管理和服务全面融合,提升交通运输服务水平。充分运用 5G 通信、大数据、人工智能等新兴技术,交通运输基础设施和装备领域智能化不断取得突破。铁路、公路、水运、民航客运电子客票、联网售票日益普及,运输生产调度指挥信息化水平显著提升。

（三）高新运输技术应用的前景展望

人类利用科学技术的进步改造自然、社会取得了巨大的成功，这种成功将进一步得到辉煌。运输行业的情况也不例外，为了适应经济社会发展的需要以及提高运输方式的市场竞争能力，许多高新技术不断地被应用到运输领域中来，运输技术创新的活动也一直在进行着，除了围绕提高运输服务质量、提高劳动生产效率和运营管理水平以及降低运输成本的一系列常规技术创新活动以外，运输技术的创新更是在以微电子、人工智能、新材料、新能源等高新技术领域里，展现了广阔的前景，并取得了相应的成就。

交通运输可以说是各种科学技术的实验场，许多现代高新科技都将能够在其中得到充分的利用。交通运输科技种类虽然很多，但大致可以分为软科技和硬科技两大类。其中软科技在交通领域中的应用主要体现在先进的交通管理和控制方面，如现代物流科技作为一种全新的管理和组织技术在交通运输领域的应用，ITS管理技术在各种交通方式中的全面展开和应用。硬科技在交通运输领域的应用主要体现在各种新交通工具的开发和推广应用，各种运输设施的现代化、智能化等。未来将有更加大量的高新运输技术涌现，加速推动运输的飞速发展。

1. ITS（智能运输系统）技术及现代物流技术的推广

未来的高新运输技术除了上述的硬件成果以外，还有许多软件成果可供人类使用。交通运输的能力是由硬件能力和软件能力两部分组成的。任何一方面的失衡都将导致交通运输能力的低效化。交通运输软科技的发展应用主要体现在：ITS作为先进的技术手段、控制手段、管理手段将在未来的各种交通运输方式中得到广泛的应用；现代物流技术作为一种先进的组织方式、管理技术将对各种运输方式加以系统的集成，提高各系统的协作性和有序性。

（1）ITS的推广应用

ITS是将先进的信息技术、数据通信传输技术、电子传感技术、电子控制技术以及计算机处理技术等有效地集成运用于整个地面运输管理体系，而建立起的一种在大范围内、全方位发挥作用的，实时、准确、高效的综合运输和管理系统。具体地说，该系统将采集到的各种道路交通及服务信息经交通管理中心集中处理后，传输到公路运输系统的各个用户（驾驶员、居民、警察局、停车场、运输公司、医院、救护排障等部门），出行者可实时选择交通方式和交通路线；交通管理等部门可自动进行合理的交通疏导、控制和事故处理；运输部门可随时掌握车辆的运行情况，进行合理调度。从而使路网上的交通流运行处于最佳状态，改善交通拥挤和阻塞，最大限度地提高路网的通行能力，提高整个公路运输系统的机动性、安全性和生产效率。

对于公路交通而言，ITS将产生的效果主要包括以下几个方面：一是提高公路交通的安全性。二是降低能源消耗，减少汽车运输对环境的影响。三是提高公路网络的通行能力。四是提高汽车运输生产率和经济效益，并对社会经济发展的各方面都将产生积极的影响。五是通过系统的研究、开发和普及，创造出新的市场。

目前，国际上正在研究的"新一代道路系统"即智能交通系统的道路和车辆的智能化，这项研究将对未来的道路交通产生深远的影响，其直接导致的结果是促使人、车、路的一体化，智能车辆、智能道路的出现。它将从根本上解决道路交通的拥挤问题，极大地减低交通事故的发生，改善道路交通对环境造成的不良影响，如全球变暖、噪声、废气等。通过先进的信息采集、传输和处理系统，将有效地实现人、车、路的实时通信和控制指挥，极大地提高道路交通系统的整体效率。未来智能交通领域将是各种高新科技的大会堂，人类智慧的集成在这里体现无遗。

（2）物流技术的经济学分析

物流技术的经济学分析是一个多维度、深层次的探讨过程，旨在揭示物流技术与经济活动之间的内在联系及其相互影响。以下是对物流技术的经济学分析：

物流技术在现代经济体系中扮演着至关重要的角色，其发展水平直接关系到物流活动的效率、成本和效益。随着科技的不断进步，物流技术也在不断创新和升级，如自动化仓储系统、智能运输调度系统、物联网追踪技术等，这些技术的应用极大地提高了物流运作的自动化、智能化和信息化水平。

从成本效益角度来看，物流技术的应用能够显著降低物流成本。例如，自动化仓储系统可以减少人力成本，提高仓储效率；智能运输调度系统可以优化运输路线，减少运输时间和能耗；物联网追踪技术可以实时监控货物状态，降低货物损失风险。这些成本节约效应不仅提升了物流企业的竞争力，也促进了整个经济体系的效率提升。

同时，物流技术还带来了显著的经济效益。一方面，物流技术的提升推动了物流产业的快速发展，创造了更多的就业机会和经济增长点；另一方面，物流技术的优化也促进了其他产业的协同发展，如电子商务、制造业等，这些产业与物流产业的紧密联动共同推动了经济体系的繁荣。

此外，物流技术的经济学分析还需考虑其对社会经济结构的深远影响。随着物流技术的不断进步，传统的物流运作模式正在发生深刻变革，物流产业正在向智能化、绿色化、服务化方向转型。这种转型不仅有助于提升物流产业的附加值和竞争力，也有助于推动经济结构的优化和升级。

然而，物流技术的经济学分析也面临一些挑战。例如，物流技术的研发和应用需要投入大量的资金和资源，这对于一些规模较小的物流企业来说可能构成一定的经济压力。同时，物流技术的快速发展也可能带来一些新的经济风险和问题，如数据安全、隐私保护等。

综上所述，物流技术的经济学分析是一个复杂而重要的过程。通过深入分析物流技术与经济活动之间的内在联系及其相互影响，我们可以更好地理解物流技术在现代经济体系中的作用和价值，为物流产业的持续健康发展提供有力的理论支持和实践指导。

2. 高速铁路技术

（1）高速铁路的技术经济优势比之普通铁路、公路、航空等，都非常明显

①极强的经济性。运输对于使用者来说，在于节约旅行时间和旅行费用。若单从时间节约的角度进行定量分析，当高速铁路的运营速度为

300 km/h、公路为 100 km/h、飞机为 800 km/h 时,且假定乘客利用上述三种方式所花费的非旅行时间分别为 1 h,0.5 h,和 3 h,从花费的旅行总时间来看,高速铁路在 75~1440 km 范围内,比上述两种方式节约时间。

②运输能力大。我国高速铁路客运专线的列车追踪间隔为 4~5 min,京沪高速铁路年运量已达 2.1 亿人次。

③占用土地少。运输的发展要占用相当的土地资源。高速铁路占地是高速公路的 1/3。与航空运输相比,尽管飞机航线不占用土地,但是一个大型机场占地就高达 20 km^2,这相当于 1000 km 双线铁路的占地面积,而 1000 km 的航线一般设有 2~3 个大型机场,由此可见,高速铁路的占地比航空运输也要少得多。

④改善日益恶化的环境。以小汽车为中心的运输系统,是真正环境污染的发生源之一。高速铁路不仅具有能耗低的特点,而且由于采用电力牵引,基本消除了粉尘、油烟等废气的污染。在噪声方面,在高速铁路外轨中心线两侧 30m 处,繁忙干线繁忙区段内的噪声监测值约为 68 dB,较航空、小汽车更低。因而在环境保护方面,高速铁路较公路和航空具有明显的优势。

⑤最安全的运输方式。安全是旅客最为关心的问题,公路交通事故给旧的运输模式蒙上了一层阴影。

⑥经济效益好。高速铁路的直接经济效益显著。

(2) 磁悬浮列车

超导技术的研究与开发,给高速铁路技术带来了新的生力军。从德国和日本试验运行的结果来看,其主要优点是:①速度快,普通超导磁铁的超导线性电动机列车,速度可以达到 500 km/h,而新一代的线性电动机列车由于采用高温超导磁铁,最高速度可以达到 700 km/h;②噪声小,由于磁悬浮列车的车体轻,而且浮在铁轨上运行既没有与铁轨接触的车轮,车体上也不带有动力装置及其他的转动装置,几乎不存在噪声的发生源;③能耗低,以速度为 400 km/h 运行的磁悬浮列车,单位运量耗能只及飞机的一半,同时由于磁悬浮列车的电力驱动优势,相对于以汽油驱动的汽车和飞机,对改善环境具有极大的优越性。

（3）智能列车

智能列车主要有以下的特征：①智能。车体上安装了用于各种控制作用的高性能计算机，这种列车将发挥出许多新的功能，如动态开展功能，自动辅助驾驶功能等。②车体的轻量化和大功率化。③拐弯时速度高。由于智能列车的车体重心较低，所以允许这种列车拐弯时有较高的速度。

由于高速铁路与智能列车，既符合时代的高速化的要求，又有能耗低等资源节约的优势，加之其技术与经济的可行性，将很可能成为未来世界运输发展的主流。

3. 新汽车技术

由于传统汽车文明与新时代要求的生存哲学（更高的环境质量、更安全的运输系统、更舒适的旅行等）相背离，因此汽车技术的创新已经迫在眉睫，新一代汽车将应运而生。

（1）新能源汽车崛起

新能源汽车是指采用非常规的车用燃料作为动力来源（或使用常规的车用燃料、采用新型车载动力装置），综合车辆的动力控制和驱动方面的先进技术，形成的技术原理先进、具有新技术、新结构的汽车。新能源汽车包括四大类型：混合动力电动汽车（HEV）、纯电动汽车（BEV，包括太阳能汽车）、燃料电池电动汽车（FCEV）、其他新能源（如超级电容器、飞轮等高效储能器）汽车等。非常规的车用燃料指除汽油、柴油之外的燃料。

（2）革新的汽车制造技术

革新的汽车制造技术的根本目的是在于解决传统汽车制造业面临的许多课题，如节能、环境保护、资源的回收利用等。

（3）辅助驾驶汽车技术

辅助驾驶汽车是通过车载传感系统感知道路环境，自动规划行车路线并控制车辆到达预定目标的智能汽车。辅助驾驶技术能够降低交通风险，提高驾驶安全性，同时提高道路交通效率，避免阻塞，还能减少环境污染，降低成本。辅助驾驶汽车技术还在进一步研究和完善中。

4．新的船舶技术

新的船舶技术创新的主要目的是在于节能与提高水运的速度，以改变传统水运的慢速形象。

（1）超导船舶推进系统

超导船舶推进系统主要有两种类型：①超导电气推进系统。这种系统在船舶发电机、电动机上采用超导材料，驱动船体前进仍靠螺旋桨。②超导电磁推进系统。这种系统是在船上安装超导电磁铁，使之在海水中产生电磁场，同时在海水中通以电流，从而依靠电磁驱动力驱动船体前进。

（2）高科技超级班轮

这是通过船体自身的浮力、水中船翼的升力以及气垫的空气压力三者巧妙地结合在一起，以复合支撑型新概念而设计的船舶。这种船舶载重在 1000 t，速度达 50 km/h，即使在浪高达 6m 的大洋中，也能安全运行。这种高科技超级班轮在本世纪将作为一种高速班轮投入在一些地区进行商业性试运行。需要解决的关键性技术是开发复合性的支撑推进系统，船体姿态控制技术，以及耐候性的船体材料。

5．新航空技术

新航空技术开发的主要目的是增大航空运输能力和提高航速。

（1）高超速客机

这种飞机的独特之处在于它完全采用燃料效率高的吸气式发动机，而不只是依赖于火箭推送到轨道。航天飞机的技术将可以用来研制特超高速飞机。高超速客机的速度为 4~6 Ma，载客量为 200~300 人。

（2）新型宽体飞机

根据预测，全世界的航空客运量将继续增加，但机场的建设受到许多条件的限制，而不能需求增长同步，为此，一些国际航空公司需要发展新型宽体客机。它的显著特点主要体现在：飞机大，但噪声比现在的飞机低得多，速度高了，飞行高度也高了，而且所需的燃料量比较少，飞机上各项设施更加舒适。从运输能力来看，航空公司可以节约成本 20%，这种飞机要利用许多先进的技术，包括推进动力系统；计算机和数字航空设备，先进的金属材料和非金属材料，空气动力学结构，以及复杂的设计工具和制造工艺。

（3）具有耐高温发动机的飞机

多年来，人们一直在努力用超级合金使发动机尾气器温度提高几十度，但今天人们已经开始设想将温度提高几百度，这将产生一种质的突破。目前，有关研究人员在几个交叉领域已经做出了很大的贡献，发明了几种高级材料，并探索了未来高温喷气发动机的研究方法。

第二节　物流在国民经济中的地位与作用

一、物流的发展

（一）当代物流发展的趋势

1. 平台化

平台化是基于产业全链数字化相连而提供端到端的优质体验和差异化服务，保持运营的效率和灵活性，同时降低供需双方的交易成本与摩擦成本。物流平台不是单一的业务，是以行业生态为基础的新型商业模式。物流平台表面看是实体整合，实际上是商业模式的融合，同时也是战略思路的协同，它不是建个网站、弄个 App 那么简单。物流平台经济需要商业模式的裂变，依托平台积累的资金流、信息流等其他商业服务获取利润，通过信息通路和资源整合获得更多的价值空间。

2. 多功能化

多功能化是物流业发展的方向。现代物流不单单提供仓储和运输服务，还必须开展配货配送和各种提高附加值的流通加工服务项目，也可按客户的需要提供其他服务。供应链作为物流系统充分延伸，人们开始关注通过从供应者到消费者供应链的综合运作，使物流达到最优化。企业追求全面的系统的综合效果，而不是单一的、孤立的片面观点。

3. 服务精细化

一流的服务水平是物流企业追求的目标。物流业是介于供货方和购货方之间的第三方，是以服务作为第一宗旨。从当前物流的现状来看，物流企业不仅要为本地区服务，而且还要进行长距离的服务。因为客户不但希望得到很好的服务，而且希望服务点不是一处，而是多处。因此，如何提供高质量的服务便成了物流企业管理的中心课题。首先，在概念上变革，由"推"到"拉"。物流系统应更多地考虑"客户要我提供哪些服务"，从这层意义讲，它是"拉"（Pull），而不是仅仅考虑"我能为客户提供哪些服务"，即"推"（Push）。

4. 全球化

20 世纪 90 年代初期，由于电子商务的出现，加速了全球经济的一体化，致使物流企业的发展达到了多国化，它从许多不同的国家收集所需要资源，再加工后向各国出口。全球化战略的趋势，使物流企业和生产企业更紧密地联系在一起，形成了社会大分工。生产厂家集中精力制造产品、降低成本、创造价值；物流企业则花费大量时间、精力从事物流服务。

5. 智慧化

智能物流是连接供应和生产的重要环节，也是构建智能工厂的基石。智能单元化物流技术、自动物流装备以及智能物流信息系统是打造智能物流的核心元素。未来智慧工厂的物流控制系统将负责生产设备和被处理对象的衔接，在系统中起着承上启下的作用。智能物流仓储系统是以立体仓库和配送分拣中心为主体，由立体货架等、检测阅读系统、智能通信，实现快速消费行业的需求。随着物联网、机器人、仓储机器人、无人机等新技术的应用，智能物流仓储系统已成为智能物流方式的最佳解决方案。

6. 生态化

物流生态化是指使物流达到一种可持续发展的平衡状态。物流生态是对物流及其衍生物的一种理想描述，物流生态的最终目的是以最低的成本、最好的服务质量、最便捷的方式，通过运输、保管、配送等物流方式结合物流衍生物的信息流、商务流、资金流，实现原材料半成品、成品等从产地到消费地的合理高效管理，达到物流资源优化配置的目的。其构成要素包括：商品的设计、生产、运输、配送、仓储、包装、搬运装卸、流通加工，以及相关的信息流、商务流、资金流等环节的流通。

（二）我国的物流发展

物流科学是当代最有影响的一门新科学，是一门综合的横断系统科学，糅合了现代管理技术、经济学、运筹学、计算机和通讯科学、运输技术、仓储技术、装载技术、搬卸技术等。物流科学影响到社会再生产的方方面面。物流是将来各种运输方式的最终发展趋势，任何一种运输方式将离不开物流科学的指导。

市场经济是实现资源最佳配置的经济形式。因此，从市场经济供求运动的角度分析物流，有助于我们对人类的经济活动规律及社会经济的发展有进一步的认识。

1. 物流的市场观

人们通常将流通领域里所发生的商品买卖，以及由商品买卖所引起的人、财、物的全部运动，称为物流。作为商务概念，一般认为物流涉及的是实物及相关信息在供应者与需求者之间传递的全过程。

作为经济学概念的商品，是使用价值和价值的统一体。商品的市场供求活动实际是物质流和价值流运动，即商品流通过程实际包括两种流程。首先表现为"实体流通"（简称"物流"），即商品的实体运动过程，它是通过运输、储存及其他机构的配合来完成的。商品物流的内容

包括了商品的包装、运输、装卸、储存、养护等活动，反映商品在时间和空间上的变换。商品流通的另一过程是"交易流程"或称之为"所有权流程"（简称"商流"），即商品的所有权转移过程。它是通过一次或多次交易活动，使商品价值形式发生变化，将商品的所有权逐次转移，最后到达消费者或使用者手中。

不难看出，物流的基本特征是实物的流通，即使用价值的流转；而商流的本质特征则是商品价值的流转，即商品所有权的转移。在商品经济条件下，物流与商流一般是统一的，即商流是物流的前提，物流实现商流。正是物流与商流的辩证统一运动，推动所有商品（生产、生活、物质和精神等）的交易行为，促成了各行各业、不同种类、各个层次和大小不等的市场，并

由这种市场交易的网络形成了商品交换的供求运动和供求运动的渠道。买卖双方在各级网点、网站从事着交换财富的活动。随着世界经济的发展，商品交易出现高频率、大范围的特征，引起现代物流的高速、多层次、大范围和信息流错综复杂宽带运行的趋势，同时也引发了物流业的巨大变革。既然现代物流发展是商品市场供求运行的结果，那么现代物流变化的内在依据和变动根源应该从供求运行主体的利益行为开始分析。

2. 物流的需求观

从工业化和后工业化经济发展历程可以看出，需求是带动商品经济发展的龙头。人们常把投资需求、消费需求、政府购买、出口看成是启动内需和外需，拉动经济增长的四驾马车。需求变动不仅带动经济增长，而且促进产业结构的调整、升级，进而引导物流的发展。

需要与需求是两个具有不同含义的概念。需要的层次性、多样性、复杂性和永不饱和性，是人们不断从事物质和精神生产活动的永恒动力。而从市场经济引申出来的需求则包含着商品的价格、人们的支付能力及其偏好等因素。但是，需要仍然是构成需求的初始因素。

人们无限多样的物质和精神需要向各地区、各民族、各国家的社会生产提出了越来越多和越来越高的要求。但是，受自然历史条件等多方面限制，仅在产品结构上不可能从质量、数量和规格品种上满足人们的需要，不可避免地存在着经济状况的局限性和物质需要多样性的矛盾。生产力越发展，社会分工越细密，这种矛盾越尖锐。在市场经济条件下，物流不断缓解着这种矛与盾的对立，通过商品交换形式，广泛开展地际、省际、国际的经济交流和贸易往来，建立和发展各部门、各行业的横向联系，一业托两体（业是物流业，体是市场运行的生产者和消费者），互通有无，沟通市场供与求。

3. 物流的费用和信息观

市场经济下的物流，除了与诸多的需求因素相关之外，还有不可忽视的另一方面，就是市场供求运行的交易费用和信息。交易是市场经济存在的基础，经济学用"交易费用"这一概念来说明完成市场交易所需要的费用。由于交易费用的存在，交易者在价格之外必须另行支付一笔费用，这笔费用如果太大就会使得交易不能进行,不会发生。因此,交易费用的降低直接关系到经济运行的效率和物流业的发展。

寻找理论说明市场的大多数商品交易是交易主体寻找的结果,寻找不仅存在寻找费用,而且,寻找问题的复杂性和特殊性使人们可以有各式各样的寻找方法。市场中的交易主体不仅面临着选择样本空间的选择对象,也面临着选择对象的"完美信息"和"完全信息"问题。市场不会把全部的信息无偿传递给需求者和供给者,因此,信息的寻找和传递也是有费用的。显然,要使物流有效率,呈现有次序的状态,就必须不断改进物流运动的形式和状态。不断创新的方法能够有效地降低寻找费用和次数。新的物流网络、站点不断涌现,新的交易伙伴,企业的出现以及新的市场运行制度的出现,正在让社会成员具有较低的交易实施的费用(进入市场的费用)及较低的信息寻找费用(容易找到交易伙伴)。实践表明,降低交易费用和寻找费用,促进交易效率,提高交易中的"透明度",显示可信的市场信息,是物流发展的基石。

商品经济的发展,意味着世界经济水平和国际分工程度的提高,也意味着寻找费用和交易费用的增加。但是,交易费用太高将影响交易的实现,降低物流的能力和水平。因此,那些不断降低交易费用,使交易费用更低的物流形式和业态,也具有更强的竞争力,更容易被经济社会所选择。那些加强信息传递,不断提高市场"透明度"的物流形式,那些具有更强的产生经济信息能力的物流业态将会成长壮大。

以上从市场运行的需求、交易费用和信息等方面分析了影响物流的相关因素,还不能揭示当代物流迅猛发展的内在动力。受传统观念的影响,认为物流或流通领域不创造价值的错误认识,混淆了价值创造和财富创造的关系,束缚了物流发展。物流这一经济范畴,既独立于商品市场,又内涵于商品市场。当我们从市场供求配置资源的财富观认识物流时,物流实际上是商品市场供给链的延长,物流不仅实现和转移价值,增加附加值,而且不断地创造着更多的社会财富。

4. 物流的财富创造

市场经济条件下，物流也创造财富和利润。物流的发展不仅促进了物质生产领域和精神领域财富的增加，而且它自身也创造着财富。

①物流的财富观。财富是相对人类社会而言的。当我们把财富看成是用来满足人们需求的有用物时，财富的创造就必定是由生产要素即土地、劳动、资本和企业家所共同创造。一个国家、地区或个人家庭的财富多寡，常用价值形式表示，即简化为人均国民收入的多少来衡量。

国民收入是所有要素投入的价值总和，这里当然包括物流业的要素投入。然而，在国民收入这一总量的抽象分析和计算中，物流所创造的国民收入却是隐含的。这就给人们一个错觉，似乎物流仅仅媒介财富的转移，其实，所有的物流业都是通过投入生产要素而运转的。试想，仓储能不投入地皮？运输难道不投入交通工具？大型超市岂能不投入劳动管理？现代物流网络的哪一个节点不投入现代高新科技？从市场供求运行角度看资源配置，物流的所有投入要素都创造了财富。

综观今天的世界财富，不仅是多变的，而且是有时效的。由于物流是带有时空特点的运动，所以物流的时空变化还会影响供求的市场价值形成，进而影响国民财富的变化。

②物流的时空观。物流可以创造出时间价值和场所价值，包括物流加工作业中所创造的加工附加值。物流不是"物"和"流"的简单统一，生产、分配、交换、消费的物质运动过程是时间和空间的统一。"时间是金钱"是物流真实的反映。商品在不同时间和不同地点具有不同价格，因此时间差别和场所区别给物流带来了"时间价值"和"场所价值"；物流过程中不同场所，根据专业化分工和场所优势所从事的补充性的加工作业也会形成劳动对象的附加值。另外，物流的加速一定会节约商品在流通领域里的时间，这会节约流通费用，又会加快资金周转，带来经济效益。现代科学技术在物流领域里的应用，大大加快了物流的速度，节约了时间。比如集装箱、条码、网络信息等新技术的应用和推广，加快了物流速度，使现代物流创造出了前所未有的时间价值。

物流不仅存在时间特征，而且具有向高价值区流动趋向。在竞争的市场经济中，商品总是向价值高的场所流动。无论是从集中生产场所流向分散的需求场所，还是从分散生产场所

流向集中需求场所的物流，追求场所价值是区域间、国际物流发展的主要因素之一，也是物流产业链不断延伸的根本所在。

③物流的利润源。从物流的财富观出发，从物流交易费用和物流时空价值论分析，就不难说明物流业存在着丰厚的利润，这是当今世界范围内物流蓬勃发展的基本原因。流通领域蕴藏着提高经济效益的无穷潜力，发展前景十分可观。

从历史角度看，有两大提供利润的领域：一是资源领域，二是人力资源领域。在经济学中，人们的经济行为和行为选择多年来首先考虑的是土地、资本、劳动为第一经济资源，后来才逐步认识到企业的组织形态或组织潜能、企业家素质是更重要的经济资源。当这两个领域潜力已越来越小时，人们越来越清楚地认识到物流领域是具有巨大潜力的"第三利润源泉"，应该不失时机地开拓这一新的"利润源"。目前，物流业的发展已充分证明了这一结论。

二、物流在国民经济中的地位与作用分析

物流是国民经济的基础和动脉，物流通过不断输送各种物资产品，使生产者不断获得原材料、燃料以保证生产过程的进行，又不断将产品运送给不同的需求者，以使这些需求者的生产、生活得以正常进行，这些相互依赖的存在，是靠物流系统来维持的，国民经济也因此得以成为一个整体。具体来说，物流在国民经济中的地位和作用表现在以下几个方面：

（一）物流是再生产过程的必要条件和社会生产力的重要组成部分

①生产领域中的物流活动，显然是生产过程的重要组成部分。例如，工厂内通过汽车、专用铁路以及其他运输设备，使生产过程中的原材料、半成品和在制品的位置发生移动，是生产得以进行的重要条件，至于某些生产部门如：煤炭/石油等，其生产过程在很大程度上就是运输的过程，毫不夸张

地说，如果没有这些物流活动，工农业生产就不能顺利进行。

②产品从生产过程中生产出来后，必须通过运输、分配、交换，才能达到消费领域，如果没有运输这个环节，产品的使用价值就难以实现，社会的再生产过程就不可能进行，人们生活的需要也就难以满足。

③物流是"第三利润的源泉"。人们在实际的经营活动中，发现流通费用占整个产品成本的比率实在太高，一个企业是如此，一个国家亦是如此，为此，人们通过各种途径开展了物流合理化的研究，物流合理化的研究至少能够收到几个方面的作用：降低物流费用，减少产品成本，缩短生产周期，加快资金周转，提高资金的使用效率；提高产品的市场适应能力，进而增长一个企业、一个供应链、一个行业、一个国家的竞争能力。

（二）物流保证了社会产品的提供并创造了国民收入

物流一般不创造新的物质，不增加社会产品的总数量，但却是社会产品生产过程中所必需的生产劳动，如果是生产过程中的物流，则物流工人、物流设备直接参与物资产品的创造过程；如果是流通中的物流，则它是一个必要的追加生产过程，产品经物流环节虽然没有使其使用价值发生任何变化，但是由于物流过程中消耗的生产资料价值以及物流职工新创造的价值追加到产品的价值中去，使产品的价值增加了。

（三）物流确保了社会正常的生活和工作秩序

物流活动是社会赖以存在和发展的必要条件之一，特别是随着现代社会经济的发展，没有发达的物流业，社会生产活动，人们的正常生活和工作简直无法想象。虽然现代化的信息流将会减少对交通运输的依赖，而更多地依靠现代化的通信设备，但目前信息载体还有相当部分是信函、报纸、杂志和其他印刷品，而这些均由交通运输部门处理。可见没有完善的交通运输系统，社会就像人患了消化不良、水肿甚至血栓等病一样，不能正常运转。

（四）物流是发展现代化电子商务的必要条件

电子商务形式的出现是流通经济领域的一次革命性变革，是人类由工业经济步入知识经济、信息经济的主要标志，是现代网络经济的特征体现，是一个国家的经济新增长点。近年来出现了世界性的电子商务热，应该说，电子商务经过多年的发展，历经了几个阶段，取得了极大的发展，但在发展的过程中也暴露出许多问题，物流环境、网络交易安全、电子支付、法律规范等一系列问题阻碍了电子商务的发展，人们意识到只有很好地解决这些"拦路虎"，电子商务才能真正得到广泛应用和发展。现代化的物流系统对电子商务的支持作用是显而易见的，试想，在电子商务下，消费者在网上浏览后，通过轻松点击完成网上购物，但所购货物迟迟不能送到手中，甚至出现了买电视机送茶叶的情况，其结果可想而知，消费者只能放弃电子商务，选择更为安全的传统购物方式，因此，加强物流管理现代化的建设，使其适应电子商务的要求，将推动电子商务的开展。

（五）物流占用、消耗了大量的社会资源

物流业不仅占用了大量的劳动力，而且消耗了大量的社会资源，运输费用在生产费用中占有很大的比重。

（六）物流增加国家的国防力量

在战时，无论武器装备何等精良，但若不及时送达前线，就不可能发挥应有的作用。因此，运输线路的畅通程度，特别是铁路、公路的运输能力对国防力量是至关重要的。运输业平时确保社会经济的发展，战时则可以用于国防的需要，充分保障兵力的调集，武器、弹药的后勤支持。历史证明，大力发展物流业，对于国防建设有着重要的作用。

近些年来，人们已经认识到，包含交通运输在内的且包括了产品的生产、流通和消费过程中诸环节的物流系统，已成为国家经济在高起点上持续发展的重要基础。随着现代科技、管理和信息技术在物流系统中的广泛应用，物流行业已成为适合于市场经济发展的基础产业之一。

第三节 物流环节的交通运输经济

一、交通运输在物流中的作用与地位

交通运输是连接生产、流通、分配、消费、商贸等各个环节，沟通国际、地区间、城乡间的纽带和桥梁，它在物流过程中起着举足轻重的作用。

(一) 运输是构成物流有机系统的核心组成部分

物流活动实质上是一种物资资源配置活动，物流技术实质上是一种物资资源配置技术。它由运输、仓储、包装、搬运、流通加工、物流信息六大功能要素构成，通过对这些要素的有机整合来实现对物资资源在时间和空间的有效合理配置。运输和仓储是其中的核心环节，在其他环节的紧密配合下，共同完成物资在时间和空间上的移动。其中，运输是物流的核心，它贯穿物流产生和结束的全过程，物流通过运输实现商品的价值和使用价值。仓储和运输是构成一个物流系统的两个中心环节，缺一不可。作为物流的中心环节之一，可以说运输是物流中的最重要的功能，运输的作用主要有以下几点：

一是物资部门通过运输解决物资在生产地点和需要地点之间的空间距离问题，从而创造商品的空间价值，以满足社会的需求。无论产品以什么形式存在，也不管是在制造过程中将被转移到下一阶段，还是更接近最终用户，运输都是必不可少的，运输的主要功能就是产品在价值链中的来回运动，运输的主要目的就是用最小的时间、环境、财务资源成本，将产品从原地转移到规定地，此外，产品的灭失损坏费用也应该是最小的，同时，产品转移所采用的方式必须能够满足客户有关交付履行和装运信息的可得性等方面的要求。

二是运输扩大了经济的作用范围和在一定的经济范围内促进物价的平均化。现代化大生产的发展，社会分工越来越细，产品种类越来越多，无论是原材料的需求，还是产品的输出量，都大幅度地上升，区域之间的物资交换更加频繁，运输手段的发达也是这些产业发展的支柱。

三是运费成本在物流成本中所占的比例最大，根据日本经济产业省对六大货物物流成本的研究结果表明，其中运输成本占40%左右，因此，深入地对运输问题进行研究，促进运输的合理化发展具有重要的意义。合理化的途径有以下几个方面：

①运输网络的合理配置，应该区别储存型仓库和流通型仓库，合理配置各物流基地，基地的设置应有利于货物直达比率的提高。

②选择最佳的运输方式。首先要决定使用水运、铁路、汽车或航空，如用汽车还要考虑车型，用自有车还是委托运输公司。

③提高运送效率。努力提高车辆的运行率、装载率、减少空车行驶，缩短等待时间和装卸时间，提高有效的工作时间，降低燃料的消耗。

④推进共同运输。提倡部门、集团、行业间的合作和批发、零售和物流中心之间的配合，提高运输工作效率，降低运输成本。

当然，运输的合理化必须考虑包装、装卸等有关环节的配合及其制约因素，还必须依赖有效的信息系统，才能实现其改善的目标。运输合理化要考虑输送系统的基本特征。对城市之间、地区之间由于货物的批量大、对时间要求不很苛刻，因此，合理化的着眼点要考虑降低运输成本，对于地区内和城市内的短距离运输（末端运输），以向顾客配送为主要内容，批量小时应及时、准确地将货物运到，这种情况下合理化目标应该是以提高物流的服务质量为主。

（二）运输合理化和现代化是物流合理化、现代化的主要内容

交通运输合理化是实现物流合理化的重要因素。交通运输合理化的主要内容有：建立综合运输体系，处理好铁路、公路、水运、航空、管道五种运输方式的合理分工，协调发展；采用先进运输设备，不断提高运输管理现代化的水平；设计安排好工业企业内运输服务于工业生产的各个环节；选择物流合理运输方案与经验，组织好具体的运输工作。

首先，建立包括五种运输方式的综合运输体系。综合运输体系最能发挥各种运输方式的特点，是提高经济效益的重要方法，对建立合理的运输结构，缓解运输能力的不足，扩大运输能力有着重要的意义。运输合理化首先在很大程度上就是充分利用综合运输网，发挥各种运输方式的优势，按照各种运输方式的技术经济特点，合理分工连接贯通，合理地选择运输路线，发挥各个运输网点、站、港、机场的作用，提高社会效益和企业效益。

其次，运输工具的选择是实现物流的合理化的重要因素。交通运输工具及其基础设施的现代化程度越高，商品在流通中的时间就越短，运输的速度越快。如铁路采用重载运输，水运采用大吨位的船舶，汽车、大型飞机采用

集装箱运输等,对挖掘运输设备的潜力,扩大运输能力,加快货物运达,都有着十分重要的作用。

最后,改善运输经营组织,实现交通运输管理现代化是实现物流合理化的重要内容,对提高物资运输的质量和效率,保证货物运输的安全,改善运输部门的劳动条件,降低运输成本,提高运输效率有着十分重要的意义。

物流现代化的目的是用先进的手段,将商品按时间、按质量、按标准、按运输方式送达目的地,使流通时间最短、流通费用最小,流通增值最快,以达到社会效益和企业效益最优化。物流现代化的内在要求就是实现交通运输的现代化。为实现交通运输的现代化,应采取以下措施:

①建立与完善由铁路、公路、水运、航空、管道五种运输方式组成的综合运输体系,发挥各种运输方式的优势,按照不同运输方式的技术经济特点,协作分工,连接贯通,综合利用,统筹规划,形成合理的运输结构。

②加快交通运输体制改革。一是交通运输管理体制改革,建立适应社会主义市场经济需要的新体制。改革的重点是实现政企分开、企业重构、市场经营。二是运输企业改革,抓大放小,实行资产重组和结构优化,形成若干个全国性、地区性的大集团。通过改组、联合、兼并、股份制、承包、租赁等形式,使众多小型运输企业找到适合自身发展的组织模式和适合自身的管理模式。

(三)运输的发展对物流的发展将产生重要的影响

运输作为物流的核心组成部分,它的发展将从很大程度上对物流的发展产生巨大的影响,主要体现在以下几个方面:

①交通运输网的发展促使物流网络的建立和完善。物流网络是由若干个节点和联络各点的交通线路组成的一个运输网。在一个地区的物流网络中,各城市的货运站、港口、机场等都是节点,而铁路、公路、航空是联络这些节点的主干线,大小不同的诸多节点与运输能力不同的各条线路,组成了一个覆盖整个地区的物流网络。

②交通运输网络的发展促进综合物流中心的建立与发展。交通运输网络的发展,使得集装箱多式联运取得很快的发展,集装箱运输业从一开始就十

分重视货物运输过程的整体性,目前国外一些班轮公司大量投资于公路运输、仓储、流通、铁路网甚至航空,集装箱运输业正在走向综合物流时代,有了现代的综合物流中心,货主、托运人或其代理人,便可以借助于现代通信手段,对物流全过程进行信息跟踪,使货物不仅能够得到准时准地的"门到门"甚至是"货架到货架"的运输,而且能够使其在综合物流系统的节点上得到按照信息指示进行处理。

③交通运输网的发展,新的道路建成,对加速物流的流通过程,节约商品的流通费用起着重要的作用。如沪宁高速公路建成后,由沪、宁、杭三地四家国有运输企业联手组建的"金三角"道路快速货运网络已经形成。快运系统以上海、南京、杭州商店为主体,以沪宁、沪杭两条高速公路为轴心,开展以零担货物快运为基础的整车直达快运,并开展集装箱快运和特快专递业务,并向华东及华东边缘地区的中心城市和全国拓展。

④在交通运输网中,交通运输枢纽的发展对物流具有重要的影响,交通运输枢纽是交通运输网的重要组成部分,交通运输枢纽是集运输生产、商贸经营、物资流通、信息服务和运输组织于一体的枢纽设施。交通运输枢纽由"四个系统"组成,一是组织管理系统,包括运输市场管理,主枢纽的内外协调,调度指挥,运输代理、组织联运以及站内、港内的作业组织等。二是通信信息系统,包括为货源联络,售票,站场联系,车船调度等信息的收集、加工、处理服务的计算机和通信设施。三是生产服务系统,包括仓库堆场、站房、停车场、码头泊位等设施,以及必要的装卸机械设施、运输车辆、船舶等设备。四是辅助服务系统,包括为满足生产、生产辅助服务而必需的各种设施。

交通运输枢纽在客货运方面要充分满足其需要,在客运方面,对运输的舒适、安全、中转换乘的便捷提出更严的要求。在货运方面,要求提供运输代理、多式联运以及必要的仓储和信息。现代化的交通运输枢纽设施,也是现代化城市建设不可缺少的组成部分。现代化的运输设施、完善的信息网络和科学的运输组织,对疏通物流的各个环节,实现客货集散运的畅通,发挥中心城市的集散力,进而带动周边地区的经济发展起着重大的作用。

（四）物流配送是物流运输的一种特殊延伸方式

随着商品消费市场的不断发展，仓储周转速度的逐渐加快，过去大批量的货物运输改为多批次、少批量，造成物流成本上升、城市交通堵塞和环境污染等各项问题。为此，需要采用一种新型高效的物流活动方式来取代传统的方式。实践证明，配送是多年来国际物流业创造的最佳服务形式，现在配送业在发达国家已是一个成熟的行业。

①配送是道路运输服务的一种特殊形式，它是体现物流基本特点的一项重要功能，也是货物运输作业的一种特殊形式，它的服务水平很大程度上体现了物流服务的水准。

所谓配送就是按照用户的订货要求和配送计划，在物流据点（仓库、商店、货运站、物流中心等）进行分拣、加工和配货等作业后，将配好的货物送交收货人的过程。从货物的位移特点而言，配送多表现为短距离、小批量的货物位移，因而，也可以将配送理解为描述运输中某一指定部分的专用术语。配送作业也不等同于送货，它亦有别于单纯送货的时代特征。

A. 配送是从物流据点到用户之间的一种特殊送货形式，这种特殊形式表现在配送的主体是专门经营物流的企业；配送是中转环节的送货，与通常的直达运输有所不同。

B. 配送连接了物流其他功能的物流服务形式。在配磅（分拣、加工、配货、送货）中所包含的那种部分运输（送货）作业在整个运送的过程中处于"二次运送""终端运送"的地位。

C. 配送体现了配货与送货过程的有机结合而极大地方便了用户。体现了较高的物流服务水准，即完全按用户对货物种类、品种、数量、时间等方面的要求而进行的运送作业。

D. 配送是复杂的作业体系，它通常伴随较高的作业成本。配送成本较高，就既要提高物流服务质量，又要采用降低配送成本的措施，因此，提高配送作业设计等组织管理水平就显得十分重要。在配送中心大量采用各种传输设备、分拣设备，可以实现一些环节的专业分工或流水作业方式，降低有关成本费用。

E. 配送在固定设施、移动设备、专用工具组织形式等方面都可看成系统化的运作体系。

②最早的配送概念是在原来营销活动的送货概念上发展起来的，今天，它已经独立于运输，而成为物流的一个环节，发挥了其不可替代的作用，通过配送作业可以实现以下目标。

A. 通过集中仓储与配送可以实现企业组织的低库存或零库存的设想，并提高社会物流经济效益。配送服务水准的提高，尤其是采用定时配送或准时配送方式，可以满足企业准时生产制的需要，生产企业依靠配送中心的准时配送，就可以减少库存或只保持少量保险库存。这样，有助于实现"库存向零进军"的目标。

B. 通过配送也可因减少库存而解脱出大量储备资金用来开发新业务、改善财务状况。配送总是和集中库存相联系的，集中库存的总量远远低于各企业分散的总量，则可以从整个社会角度提高市场调节物资的能力，增强了社会物流效益。采用集中库存还可以使仓储与配送环节建立和运用规模经济优势，使单位存货配送成本下降。

C. 配送提高了物流服务水准，简化了手续、方便了用户，并相应提高了货物供应的保证程度。使用配送服务方式，用户简化订货手续，节约了有关物流程序；同时，由于配送中心物资品种多、储备量大，在一定时间，可以在企业供需时间差上进行，故提高了供货保证程度，也相应减少了各企业单位由于缺货而影响生产正常进行的风险。

D. 完善了干线运输中的社会物流功能体系。配送活动与干线运输有许多不同特点，配送活动可以将灵活性、适应性、服务水准高等优势充分利用，从而使运行成本过高的问题得以解决。采用配送作业方式，可以在一定范围内，将干线、支线运输与仓储等环节统一起来，使干线输送过程及功能体系得以优化和完善。

二、物流环节的交通运输经济分析

物流环节主要包括运输、存储、包装、装卸、配送、流通加工、信息处理等活动。而交通运输是物流系统中的一个主要部分，对物流过程起着不可或缺的重要作用。物流环节中的运输主要指的是货物运输，物流运输涉及的范围广，除干线运输外，还包括城市交通（配送）和厂内运输（生产物流）。运输活动与客户服务水平有密切关系，在物流业务活动直接耗费的活劳动和物化劳动所支付的费用中，运输费用是物流成本的最大组成部分，运输成本在一般成品的价格中占到10%～20%，乃至更多。因此，研究物流环节的交通运输经济具有重要意义。

（一）物流环节中与运输经济相关的因素

承运人制定运输费率时，必须对距离、装载量、产品密度、空间利用率、搬运的难易、责任以及市场等7个因素进行综合考虑。

1. 距离

距离是影响运输成本的主要因素，因为它直接对劳动力、燃料和维修保养等变动成本发生作用。

2. 装载量

大多数物流活动中存在着规模经济，装载量的大小也会影响运输成本。装载量增加时，每单位重量的运输成本会减少。这是因为，装载、运送及管理成本等固定成本可以分摊到每一装载量中。这也意味着为利用规模经济，小批量的装载应整合成更大的装载量。

3. 产品密度

产品密度是指产品的质量和体积之比，它把重量和空间方面的因素结合起来考虑。钢铁、罐装食品、建筑材料等物品的密度较大，而电子产品、衣服、玩具等物品的密度较小。通常密度小的产品每单位重量所花费的运输成本比密度大的产品要高。

对单一车辆而言，通常受空间的限制比受重量的限制要大。产品密度越高，可以把固定运输成本分摊到更多的重量上去，使每单位重量的运输成本较低。因此，增加产品密度一般可以降低运输成本。

4. 空间利用率

空间利用率这一因素是指产品的具体尺寸及其对运输工具的空间利用程

度的影响。由于某些产品具有古怪的尺寸和形状，以及超重或超长等特征，通常不能很好地利用空间。例如，谷类、矿石及石油产品可以完全装满容器，能很好地利用空间；而汽车、机械设备等的空间利用率不高；标准长方体的物体比形状古怪的物体能更好地利用空间。空间利用率还受到装运规模的影响，大批量产品往往能相互嵌套，能够较好地利用空间。

5. 搬运的难易

容易搬运的产品可以通过一般的搬运设备完成搬运，而特别的搬运设备则会提高总的运输成本。此外，产品在运输和存储时所采用的包装方式（如用带子捆起来、装箱或装在托盘上等）也会对搬运成本产生影响。

6. 责任

责任主要关系到货物损坏风险和导致事故索赔，对产品要考虑的因素是易损坏性、易腐性、易被盗窃性、易自燃性以及货物的单位价值。高价值产品一般比较易受损，也容易被盗窃。当承运人承担的责任风险较大时，他可以索要的运输费用也就较高。

承运人必须通过向保险公司投保来预防可能发生的索赔，否则有可能要承担任何可能损坏的赔偿责任。托运人可以通过改善保护性包装，或通过减少货物灭失损坏的可能性来降低其风险，从而最终降低运输成本。

7. 市场

除了与产品有关的因素外，市场因素也对物流成本有重要因素。影响比较大的市场因素有：

①同种运输方式间的竞争以及不同种运输方式间的竞争。

②市场的位置。

③政府对承运人规制的现状和趋势。

④运输活动的季节性等。

另外，运输通道流量和通道流量均衡等市场因素也会影响到运输成本。运输通道指的是从始发地到终到点的移动途径。因为车辆最后必须回到始发地，它们要么另外找到待运的货物，要么空车返回。当发生空车返回时，有关劳动、燃料和维修保养等费用仍然必须按照原先的"全程"运输支付。理想的情况就是"平衡"运输,即运输通道两端的流量相等。但由于制造地点与消费地点需求的不均衡,使得通道两端流量相等的情况很少见。物流系统的设计必须考虑这方面的因素,并且应尽可能地增加回程运输。

(二)物流环节中的运输成本结构

1. 变动成本和固定成本

变动成本是指与每一次运送直接相关的运送费用,包括劳动成本、燃料费用、维修保养费用等。通常以一种可预计的、与某种层次的活动有关的形式变化。固定成本是指在短期内虽不发生变化,但又必须得到补偿的那些费用。这类固定成本包括不受装运量直接影响的费用。对运输企业而言,固定成本包括站点、信息系统及车辆成本等。一般而言,运输费率至少必须弥补变动成本。

2. 会计成本和机会成本

会计成本也是财务成本,是以实际发生的成本为基础。一般认为,为生产而发生的各项财务支出均为成本。机会成本则是经济学意义上的成本,如运输公司用一卡车去运输 5t 棉花赚取 200 元时,公司不可能同时用它去运输 10t 矿砂赚 400 元。后者就是被前者错过的服务的机会成本。在正常运作的市场上,价格通常等于(趋于)机会成本。

3. 联合成本和公共成本

联合成本是指决定提供某种特定的运输服务而产生的不可避免的费用。例如,当承运人决定拖一卡车的货物从地点 A 运往地点 B 时,意味着这项决定已产生了从地点 B 往地点 A 的回程运输的"联合"成本。于是,这种联合成本要么由最初从地点 A 至地点 B 的运输补偿,要么必须找一位有回程货的托运人以得到补偿。公共成本是承运人代表所有的托运人或某个分市场的托运人支付的费用。公共成本,诸如端点站、路桥费或管理部门收取的费用,通常是按照装运量分摊给托运人。

承运人在向托运人索要运费时,必须考虑到对于联合运输成本和公共运输成本来说,要随时保持运输费率既有利可图又有竞争优势。当承运人有必要与托运人洽谈运输费率时,他们必须持续评估这些费率,以保证其精确度和可获利性。

4. 边际成本和平均成本

边际成本表示每增加1单位的产出所需要增加的成本，例如，企业生产1000张光盘的总成本是2000元，生产1001张光盘的总成本是2001元，那么，生产第1001张光盘的边际成本是1元。

平均成本是指平均每1单位产出所需要的成本。成本＝总成本/产量。总成本由固定成本和可变成本组成，平均成本也同样由固定成本和平均可变成本组成。通过比较平均成本和平均价格，或平均成本和平均收益，企业可以知道是否可以获利。

具体计算时，运输成本通常由两类成本构成：一是直接成本，即完成运输过程直接使用的费用；二是间接成本，即管理和营销等费用。

（三）定价策略和费率的制定

向托运人定价时，承运人可以采用按服务成本定价或按运输价格定价两种策略。前者是从承运人角度出发的，后者则是从托运人角度出发的。单一定价策略简单易行；综合定价策略则可以对承运人的服务成本和托运人得到的价值进行权衡考虑。从而制定一个更合理的价格。

1. 定价策略

（1）按服务成本定价

按服务成本定价是一种"累积"的方法。承运人是根据提供这类服务的成本加上毛利润来确定运输费率的。这种服务成本方法代表了基本或最低的运输收费，是对低价值货物或在高度竞争的情况下使用的一种定价方法。

（2）按运输价值定价

按运输价值定价是根据托运人所能感觉到的服务价值，而不是实际提供这种服务的成本来收取运费的。

（3）综合定价

综合定价策略是在最低的服务成本和最大的运输（服务）价值之间来确定某种中间水平的定价。大多数运输公司都使用这种中间值的定价。

因此，物流经理必须要了解运价浮动的范围和可供选择的策略，以便在谈判时有所依据。

2. 费率的制定

(1) 分类费率

分类费率是指特定的产品在两点之间运输时，单位重量产品的运输价格。费率一般都会罗列在价格单上。承运人为了定价的方便，通常将产品进行分类定价。制定分类费率，第一步是按照一定的规则将运输的产品进行分类；第二步是基于产品的分类和起点站及终点站的位置来确定精确的费率。

(2) 特殊费率

特殊费率是分类费率的例外，承运人有时向托运人索要一个比通用的费率更高或者低的费率。一般情况下，当竞争情况允许，或者运输量很大的时候，承运人通常会针对特定的地区或特定的起点（终点）或特定的商品提出特殊费率。

(3) 合同费率

分类费率是承运人向托运人收费的一种常用的方法。但是，在很多情况下，承运人和托运人是以合同的方式合作的，此时他们之间可能会采用特殊的费率。合同费率的优先级一般高于分类费率。

第四章　交通运输与旅游经济融合发展

第一节　交通运输服务与旅游融合

一、交通运输服务方式

(一) 公路运输

公路运输是指在公路上运送旅客和货物的一种运输方式，它是现代交通运输的主要方式之一，同时，也是构成陆地上运输的两个基本运输方式之一。目前，公路运输在整个交通运输领域中占有着重要的地位，发挥着重要的作用。

国内经济发展已经由高速度向高质量转变，公路设施建设的速度也已经开始下降，公路运输各方面正向规范化发展。同时，由于更多的家庭拥有小轿车，选择家庭轿车出行等因素都将降低公路营业性客运需求量，公路客运增长趋于饱和。

在公路、铁路、水运和航空这几种主要运输方式中，公路运输具有灵活性高、经济、便利、覆盖广等优点，作为主要直达景区的交通工具，公路在旅客的运输中，具有较强的竞争力。总体来说，我国公路客运行业呈现出以下的特点：

第一，我国公路客运行业处于成熟期发展阶段。公路运输可以说是一种社会现象，也是一种经济现象，从经济学的角度来分析，公路运输的发展是有生命周期的，根据公路客运本身的特点，公路运输的发展历程可以分为进入期、成长期、成熟期和衰退期四个发展阶段。

第二，我国公路客运量最多。现阶段我国公路客运量最多，公路仍为大多数居民出行的出行选择。而从我国不同运输方式旅客周转量可看出，我国航空与铁路主要承载中长途旅客；水路与公路则以中短途旅客为主。

第三，我国公路客运需求逐渐饱和。目前，随着我国经济的持续发展，公共交通基础设施也逐步完善，航空、高速铁路依靠其速度快，在远距离运输的优势使其已成为大多数中长途旅游出行的最佳选择。多因素的叠加使得公路客运发展已逐步饱和，并且部分客运市场正逐渐被其他交通方式所替代。

（二）铁路运输

铁路运输是使用铁路列车运送旅客和货物的一种运输方式。它具有运送量大、速度快、成本较低且一般不受气候条件限制的特点，这些优势使得铁路运输尤其适合于大宗、笨重货物的长途运输。此外，铁路运输还具有安全可靠、污染小、耗能少等突出优点，这些特性进一步巩固了其在交通运输体系中的地位。

在铁路运输中，铁路旅客运输和铁路货物运输是两大主要服务领域。铁路旅客运输以购票的旅客为服务对象，提供高速铁路、城际铁路、普通铁路等多种运输产品，为旅客提供便捷的出行服务。而铁路货物运输则以货物为运输对象，主要包括整车货物运输、零担货物运输和集装箱货物运输等多种运输方式，为批发业、农业、采矿业、制造业等多个行业提供货物运输服务。

此外，铁路运输辅助活动也是铁路运输体系中不可或缺的一部分。这些活动包括客运火车站和货运火车站的建设、维护、管理、调度等，以及车辆运用及维护、线桥隧涵运用及维护、牵引供电运用及维护、通信信号运用及维护等铁路运输维护活动。这些辅助活动为铁路运输提供了必要的支持和保障，确保了铁路运输的有序进行。

值得一提的是，铁路运输在国民经济中具有重要的战略地位。它是国家重要的基础设施和大众化的交通工具，对于保障国家安全、促进区域协调发展、推动经济转型升级具有重要意义。同时,铁路运输也是绿色低碳的运输方式之一,对于促进生态文明建设、实现可持续发展具有积极作用。

综上所述,铁路运输作为一种高效、便捷、环保的交通运输服务方式,在社会发展中发挥着越来越重要的作用。未来,随着技术的不断进步和市场的不断发展,铁路运输将迎来更加广阔的发展前景。

(三)民航运输

随着我国居民收入水平的不断提高和廉价航空的增多,在出行时选择航空已成为一种趋势,因为它能极大地缩短了人们的出行时间,舒适度也比较高。与其他交通方式相比,航空因其快捷、舒适、安全等特性,已经在长距离的国际、国内出行中处于绝对垄断地位。由于航空出行能满足现代旅游者"快进慢游"的需求,航空也成为许多游客的出行首选。而随着商务旅游、度假旅游的兴起,旅游包机也应运而生,这对民航提出了更高的要求,航空旅游交通正以其独特的优势受到越来越多游客的青睐。航空旅游交通有以下优点:

第一,速度快。与其他交通方式相比,航空交通速度最快,它比行驶在高速公路上的汽车快 8~10 倍,比行驶在高速铁路上的火车快 2.0~3.6 倍,比高速远洋游轮快 15~24 倍。可见就中远程旅游而言,航空旅行是比较经济的,特别考虑到时间因素时更是如此。

第二,乘坐舒适。飞机的飞行高度一般在 10000 米左右,不会受低空气流的影响,飞行平稳,乘坐舒适。客机内客舱宽敞,座椅行间距离大,坐、卧、行皆便。此外,舱内设备先进齐全,有高级音响、彩电甚至国际卫星电话等,保证了旅途生活的舒适愉快。

第三,航程远。飞机能够跨越多种地面障碍物,航行于相隔较远的世界各地。而且,航空运输基本上是直线飞行,少走或者不走弯路,相对缩短了两地间的距离,航程远的特点突出。

第四,安全可靠。随着航空技术的进一步发展,航空硬件和软件设施的不断完善,加之各国对航空交通管理的不断加强,与其他交通方式相比,乘坐飞机已经成为最安全的交通方式。

（四）水路运输

水路运输是以船舶为主要运输工具、以港口或港站为运输基地、以水域包括海洋、河流和湖泊为运输活动范围的一种运输方式。与其他运输方式相比，水路运输具有运输运载能力大、成本低、能耗少、投资省等优点。因此，水路运输仍然是目前世界上许多国家最重要的运输方式之一。

我国水运发展主要有以下几个方面的特点：

第一，我国港口规模位居全球第一。

第二，海运团队的规模在持续壮大。

第三，内河货运量已经连续多年位居全球第一。

第四，科技创新达到了全球先进水平。

二、交通运输服务与旅游产品

（一）旅游运输服务产品

1. 旅客联运产品蓬勃发展

旅客联运作为综合运输服务体系的重要组成部分，可以发挥各种旅客运输方式的比较优势，提高运输组合效率和服务水平，是推进现代综合交通运输体系建设的重要切入点。

旅客联运能够全面提升综合交通网络整体效率和服务水平，更好契合旅客需求、提升出行体验。为提高旅客联运服务水平，需要从既有服务短板入手，把握旅客的本质需求，着眼"门到门"全程纵向剖面，提供"全程管家"式服务。铁路、公路、民航、水运等运输企业积极推出一系列旅客联运产品。

2. 乡村客运设施的进一步完善

随着乡村振兴的实施，村村通乡村客运班车的目标即将实现，乡村客运的发展为乡村旅游提供了运输保障。鼓励在交通便利、人员集中的区域规划建设乡镇综合运输服务站，加强对既有乡镇客运站、交管站、公路养护站等设施的升级改造，打造具备客运、货运物流、邮政快递、供销、电商、旅游、养护管理等综合服务功能的节点设施。扩大对乡村旅游重点村、镇和农村旅游景点的覆盖范围，打造精品旅游客运线路，保障乡村旅游目的地便捷高效通达。加强农村交通运输综合信息服务平台建设，逐步实现站点班次"一键可查"、车辆位置"一键可知"、预约服务"一键可约"，为群众提供更加便捷精准的乘车服务，推动实现农村客运、物流配送、旅游服务等信息融合共享。

（二）连通景区旅游运输产品

随着人们生活水平的提高，游客对出行便捷性和舒适度的要求越来越高。在这样的背景下，需要不断地完善各省的客运联网售票系统，并鼓励在条件成熟的地区，设立跨省区的联网售票平台，不断完善系统的运行机制；同时积极推进多种客运联程运输方式的系统建设，鼓励各企业完善票务服务系统，以便提高联网、联程、往返票务等的服务能力及水平。

各地道路客运企业积极与周边各大景区合作，纷纷推出定制式旅游路线，提供交通运输和旅游"一站式"综合服务和定制化个性服务，"门票＋车票""车票＋门票＋酒店""车票＋酒店"等旅游客运产品不断涌现，为旅客出行提供了个性化、多元化的便捷出行服务。旅客拨打电话，就可以享受点对点的上门接送服务，不需要自己去景区排队买票，减少排队购票的等待时间，多余的时间可以更好地享受休闲时光。

（三）互联网定制化旅游服务产品

1. 互联网旅游运输服务平台的兴起

越来越多的人在出游前，都会通过互联网进行相关信息的搜集，因此，对互联网旅游运输平台的需求也随之增加。在这样的背景下，各地交通运输管理部门和旅游相关企业也在积极地探索，全国涌现出诸如"桂林出行网""苏州好行""易来客运""跃游旅行网""哈尔滨旅游客运智能服务平台""交运行"等多个有影响力的旅游运输线上平台，通过运输服务产品创新，为游客提供个性化的定制运输服务，让游客享受品质化的服务。"桂林出行网"将交通运输网络及配套设施作为平台核心优势，人们可以选择自己喜欢的交通方式玩转桂林，既可以租车进行自驾游，还可以选择商务包车，或者跟随旅游大巴、观光巴士、公交车、游船一起游桂林，不论是需要导游，还是预订酒店，都可以帮你办到。如果你对出游有自己的想法，还可以私人定制。云南推出"一部手机游云南"的智慧化运游融合平台，并将平台与道路运输安全监管和包车客运系统对接，初步实现了交通和旅游数据互换共享，在提供旅游出行服务的同时，进一步保障了旅游运输安全。"自贡旅游集散中心"创新了"互联网+旅游+运输"的方式，将自贡市的主要旅游产品汇集在一起，只要游客到达自贡市，足不出站，就可以享受票务、住宿、直达、购买特色旅游产品等一站式服务。游客可通过平台享受观光旅行客车直达市内景点、交通枢纽站、酒店聚集区和繁华商业街等旅游运输服务，极大改善了游客的出行体验。

2. 旅游列车等产品受青睐

随着交通的进一步完善，在一些旅游资源丰富的地方，开通了景点到景点的旅游专列。景区直达列车以景区旅游为导向，直接将旅客送至景点。

如今，外出旅游的游客因年龄、学历、经历、居住环境等的不同，对旅游的需求也不同，定制的旅游专列将满足各类旅客的不同需求。对列车来说，乘客的定向化让列车载客效率更高，同时也利于对乘客进行有针对性服务，提高乘客的满意度。

（四）"旅游运输+"新业态迸发新活力

1. 房车出游将成旅游运输新业态

房车是由国外引进的时尚设施车种，兼具"房"与"车"两大功能，随着自驾游的兴起，房车出游的需求市场已形成规模，且仍在不断增长，自驾房车露营旅游作为大众旅游时代的新业态，已经成为旅游新时尚。

自驾房车出游，更加注重出游的舒适度，符合现在慢节奏、个性化旅游的发展趋势。一家人在旅游时走一走，歇一歇，看一看，这种适合全家人出行的慢节奏旅游，房车旅游在西方已经普及。我国近年来也高度重视房车旅游的发展，国务院连续出台相关政策措施，为推动自驾房车露营旅游的新业态助力。

我国幅员辽阔，地形地貌千差万别，适合发展房车旅游的地方比较多，发展潜力巨大，比如甘肃旅游有丝路文化、黄河文化、民族文化、祖脉文化四大文化脉络，这四大文化脉络得天独厚，其丰度和布局非常适合发展房车旅游。

2. 旅游专用通道的蓬勃发展

随着旅游需求的增多，各地也在大力推进旅游专用通道建设，比如各种自行车旅游公路、各种观光步道等旅游服务设施，在整合旅游景区资源的同时，把休闲旅游项目和活动联系起来。

3. 特色交通文化旅游产品的功能扩展

交通工具作为一种旅游空间移动的载体，承担着不可或缺的流量的输送，同时，特色、多元的交通体系也在日益发展，逐渐改变着人们对交通的认识，交通不仅是旅游要素之一，而其本身也可转化成景区景点，具有游览、体验、研学等价值。

三、交通运输服务与旅游融合分析

（一）交通运输服务与旅游融合的分类

1. 公路运输与旅游融合

公路运输作为陆地旅游活动中直达景区的"最后一公里"，公路运输与旅游融合发展将发挥着重要作用，直接影响着游客的旅游质量。它涵盖了公路运输的汽车客运站、旅游客运信息、公路客运线路、旅游包车等公路运输要素与旅游景区景点、导游、旅游服务等旅游要素。各地道路运输行业管理部门、道路客运企业纷纷探索与旅游融合发展的模式，涌现出旅游直通车、旅游集散中心、汽车列车等丰富多样的公路运输与旅游融合产品。二者的融合发展是公路客运转型升级的重要方向。

2. 铁路运输与旅游融合

铁路运输与旅游融合发展，主要有两种模式，第一种是以观赏铁路沿线风光为主的模式，即观光铁路、景观铁路等，比如中国台湾"环岛之星"列车；第二种是在铁路经过旅游资源丰富的地区，开通旅游专列，比如贵州景区高铁旅游专列、"环西部火车游"旅游专列等。铁路运输与旅游的深度融合，可以延伸铁路的服务，将游客、景点以及旅行社等旅游相关主体串联起来，打造"铁路+旅游"的旅游创新产品。

3. 航空运输与旅游融合

航空运输具有速度快、乘坐舒适、航程远、安全可靠等特点。因此，它符合现代人追求"快进慢游"的旅游方式。国家也高度重视航空运输与旅游的融合发展。鼓励开发航空体验、空中游览、航空运动等航空旅游产品，建设低空旅游产业园以及通航旅游小镇等，并指出要提高联网、联程、异地和往返票务等服务水平，进一步深化航空运输与旅游的融合发展。

关于航空运输与旅游的融合，很多企业也在进行探索，以海南航空为例，借助海南航空旗下地产资源，海南航空创新性地将旗下的酒店资源进行整合，提供"航空+酒店"的会员服务，会员在缴纳一定的会费后，在购买本航空公司的机票和酒店服务产品时，就能够享受到较低的价格。

4. 水路运输与旅游融合

水路运输是以船舶为主要运输工具、以港口或港站为运输基地、以水域包括海洋、河流和湖泊为运输活动范围的一种运输方式。水路运输与旅游融合主要体现在乘船欣赏沿途风光、船内消费娱乐、休闲养生等方面，并呈现面宽、线长、点多的特点。需要船舶运输公司与旅游企业之间要相互协调，开发适合的旅游产品以及制定更多面向游客的"一站式"服务等。

（二）交通运输服务与旅游融合的基础

交通运输服务与旅游二者之间存在着相互依托、相互促进的关系。随着交通网络体系的逐渐完善，也促进了旅游业的快速发展，同时旅游业的快速发展不仅为交通运输的转型提供了契机，同时也对运输服务的品质提出了更高的要求，促进交通运输行业向着健康的方向、高质量发展。

1. 需要提升交通基础设施的连通

科学、立体、顺畅的交通网络是旅游业持续健康发展的基本保障和前提。目前，国内一些旅游资源丰富的地方，交通基础设施比较落后，连通性差，导致游客难以进入。因此，旅游业的发展需要更加完善、连通性强的综合交通运输体系，需要优化和完善公路、铁路、水路、民航、城市交通等交通基础设施，统筹考虑旅游发展需要，加快通往重点景区的公路通达条件及城乡之间的连通水平,提高旅游景区可进入性,推动高速公路服务区的转型升级,把服务区打造成集旅游、交通、生态、购物等服务于一体的综合性服务场所。

2.需要广覆盖的运输服务体系

随着乡村振兴的实施,乡村游、生态游、体验游等正在如火如荼地开展,旅游正快速延伸到广大偏远的农村及边疆地区。因此,旅游业对交通运输的覆盖面需求也越来越大。交通运输与旅游的融合,需要充分发挥高铁、民航等交通方式在长距离干线运输中的优势作用,进一步扩大高铁、民航对旅游景区的覆盖范围。同时,依托"四好农村路"建设,进一步完善交通的通达能力。

3.需要高品质的交通运输服务

交通运输服务只有做到体系完整、覆盖面广,品质有保证,才能促进旅游业的快速、健康发展,两者缺一不可。旅游业季节性强,旺季和淡季差异巨大,所以每个地区、景点要紧紧抓住黄金期,使效益最大化。旅游旺季对出游者可能会井喷式增长,会给交通运输带来巨大的压力,如何保障出游者有一个安全、舒适的出行体验是最需要解决的问题。为解决旅游旺季出游的人数过多的问题,交通运输部门要提高运输能力,在热门的旅游目的地与客源地之间增加旅游的客车车次、船运车次、列车车次、航班数量等,如每年7~8月,北京—北戴河的旅游专列。同时,根据旅游的出行需求,为旅客出行提供全方位、多层次、高品质的旅游运输产品。积极打造个性化、多样化的交通运输出行服务。

4.需要及时、准确的信息服务

随着云计算、物联网等新技术的出现,人们对旅游产品和运输服务提出了更高的个性化需求,通过移动互联网,借助便携的终端上网设备,及时掌握交通、景区等旅游信息服务等已成为旅客的迫切需求,所以要因地制宜地拓展公路场站、高铁站、码头、机场、综合客运枢纽等枢纽场站的功能。并依托手机App、官方网站、官方微信号、在线网站等多种方式,为游客实时推送旅游信息、解答困惑疑问以及提供力所能及的服务,提升游客出行的幸福感，让游客获得更好旅游体验感和更高的满足度。

第二节　交通与旅游融合发展的机制与路径

要坚持以人为本的思想，以市场为主导的推进方式，以资源融合的发展理念，以守住安全发展底线，着力构建旅游客运服务网络。以创新旅游客运服务产品为目标，完善旅游安全服务管理，理顺运输服务与旅游融合发展机制，推动旅游客运行业跨越式发展。实现运输服务行业转型升级，不断增强人民群众的获得感、幸福感、安全感，为交通强国建设和全域旅游发展提供高质量的旅游运输服务保障。

一、交通与旅游融合发展机制

交通与旅游融合发展机制包括动力机制、协同机制和保障机制。其中，动力机制层面分为内在基础和外在动力；协同机制层面包括理念融合、技术融合、组织融合、空间融合、业态融合和信息融合等；保障机制层面涉及政策、资金、土地、人才和组织等因素。

（一）动力机制

交通与旅游融合的动力机制包括内在基础和外在动力两个方面，交通与旅游融合发展的内在基础是投入在两个行业的边际效益相等，外在动力包括市场需求的变化、行业和企业利益的驱使、政府政策的推动以及文化技术的创新等。在内部因素和外部因素的共同作用下，交通与旅游的融合发展成为时代发展趋势。

1. 交通与旅游融合的内在动力

交通与旅游的融合发展源于市场需求的变化，这种变化把原本属于旅游六要素的交通与旅游更加紧密地联系在一起，但交通与旅游融合的真正产生是内部因素的作用，即交通企业对利润最大化的追求。具体说来，表现为两个方面：一是交通与旅游融合的效益必须大于其成本；二是在生产要素有限的情况下，投资在旅游上的效益必须大于投资在交通上的效益。值得说明的是，交通与旅游融合的效益包括直接效益和间接效益两方面，间接效益指交通与旅游融合发展对路域经济的带动作用和文化传播效益等。

2. 交通与旅游融合的外在动力

交通与旅游融合发展的外在动力包括主动力、原动力、引导力和支持力四个方面。

(1) 主动力

主动力源于市场需求的变化。随着社会经济的进一步发展，人民生活水平的逐步提高，对旅游服务和交通服务提出了更高的要求，旅游市场需求也已经发生了变化，由单纯的"空间转移"转为集"安全、方便、舒适"于一体的过程体验。市场需求的变化拓展了旅游范畴，交通成为旅游吸引物的组成部分。它集可达性、可展性、可链性、可融性、可导性于一体的特征满足游客多方面的需求，成为备受青睐的产品类型，特别对带动区域社会经济的发展大有作为。

(2) 原动力

原动力主要来源于企业利益的驱使。外因要依托内因才能发挥作用，交通与旅游的融合发展离不开企业这个微观主体。在交通企业转型升级背景下，发展交通旅游不仅创造了经济价值，同时也优化了企业的经营管理，这符合利益最大化原则，更为重要的是，两个部分的融合尽管仍存在产业边界，但可以相互促进，实现1＋1＞2的协同效应。

(3) 引导力

引导力源于政府政策的导向。在我国现阶段，政府的支持和引导对交通与旅游的融合发展至关重要。政府通过放松规制，创造制度环境，制定产业融合政策，使得不同产业间的生产要素得以合理流动和优化配置，促进交通和旅游的融合。同时，政府也可以整合相关资源，在交通旅游的规划开发、市场营销、人才培训和合作发展等方面营造一个良好平台。

(4) 支持力

支持力源于文化技术的创新。文化植入和技术创新是交通与旅游融合发展的重要支撑。文化是旅游的灵魂，创意是产品的生命。交通旅游应打破从

A点到B点的常规模式，打造交通旅游廊道，并通过文化创意元素的植入为游客营造一个难忘的体验空间。现代科学技术增添了交通旅游的魅力，为交通与旅游的融合发展提供了强大的智力支持，促进了交通运输行业的转型升级。

（二）协同机制

交通与旅游融合发展的协同机制包括理念融合、技术融合、组织融合、空间融合、业态融合和信息融合等，涉及空间域、产业域、管理域、要素域等多个层面，需要从时间、空间、学科和部门等多个维度推动交通与旅游的融合。

1. 理念融合

交通与旅游融合，应在"四个不能"上统一认识：合理规划建设，不能一哄而上；建设要注重环境保护，不能以牺牲生态环境作为代价；必须坚持多规合一，不能各自为政；坚持因地制宜，不能照抄照搬。在旅游公路向公路旅游转变的过程中，应坚持"人本、生态、科技、文化、经营"五大理念的创新。人本，坚持以人为本，在旅游公路建设和公路旅游发展中，要坚持高品质服务驾乘人员和游客，更好地服务路域产业发展和旅游产业扶贫。生态，要坚持人与自然和谐相处，树立尊重自然、保护环境的理念，在旅游廊道规划、旅游公路规划时坚持生态选线、环保选线，在建设过程中坚持最大限度保护、最低程度破坏、最强力度恢复。科技，坚持科技引领、创作设计和创新建设，充分发挥科技在旅游公路建设中的支撑作用。文化，比如针对云南民族文化异彩纷呈、历史文化悠久丰富、自然生态神奇壮美的特点，在旅游公路规划建设中，更多地注入人文、生态理念及文化元素，打造"会讲故事"的旅游公路，使旅游公路"开口说话"经营，坚持系统论思想，树立多功能统筹发展理念，对旅游公路廊道内的景观景点进行二次创作，有序、精细地规划建设，用经营的理念提高公路辐射范围内旅游产业的经济价值和扶贫价值。

2. 技术融合

首先，应加强统一规划。注重旅游与交通融合发展，以突出区域人文特征和旅游特色为导向，系统考虑交通、游憩、娱乐、购物、度假等旅游要素和市场需求，积极将观景台、停车场、旅游标志标识牌、厕所等旅游设施与交通基础设施统筹规划、统一设计。根据旅游者对旅游交通的需求，首先确定各发展阶段旅游交通设施的建设规模、档次结构、布局安排和重点项目，以便集中人力、物力和财力建设适应市场需要，并能产生较好社会经济效益的旅游交通项目，形成各种交通方式优势互补、设施和线路布局合理、内外部交通相互衔接的现代化旅游交通体系。其次，强调多学科联合设计，交通、景观、旅游、生态、地学、环境、经管等多学科跨界融合发展也是大势所趋。再次，推进标准融合，制定高速公路服务区、旅游公路和风景道等技术标准。

3. 组织融合

建立促进旅游和交通融合发展推进机构，形成分工明确、协同联动的工作机制，协调解决重大问题；加强对旅游交通规划的有机整合与技术指导，探索自驾房车营地等新业态的协同管理模式；统筹安排旅游交通重大项目，策划年度计划或行动方案，明确相关主体工作任务，切实抓好实施工作。

4. 空间融合

按照"点—段—线"的骨架，构建交通与旅游融合发展的空间结构体系。以高速公路为例，其中"点"是指景观节点，由建在高速公路沿线的服务区、收费站、桥梁、互通立交以及隧道口等组成，以园林景观、高桥景观、植被绿化、雕塑、石刻、宣传画报等作为布景构建，以历史文化符号元素为构件，对文化进行展示，使其成为宣传当地旅游资源的窗口。"段"指地域特色主题文化段，即选取公路沿线环境优美、自然资源丰富、历史文化独特的路段作为地域特色主题文化段，将人文历史融入公路文化景观的打造。"线"指高速公路文化长廊，将地域特色文化融入高速公路的主要构筑物、附属交通设施及标识系统等，合理展示地方特色文化，体现人性化设计思想和人、路、自然与文化和谐的理念，突出人文关怀，提升公路文化品位。

5. 业态融合

交通与旅游融合发展，业态融合创新是关键，通过创新实现从旅游交通向交通旅游的转变。以景观公路为例，应做好以下三个方面的工作：

第一，应加强环境保护，推进景观融合，追求人与自然的和谐。

第二，完善服务设施，提升旅游功能，追求人与社会的和谐。

第三，结合当地的资源特色、历史遗迹、民族风俗等，追求交通与文化的和谐。

6. 信息融合

建立交通运输、旅游等跨部门数据共享机制，研究制定交通运输、旅游部门的数据共享清单、开放清单，实质性对外开放相关数据。促进交通旅游服务大数据应用，引导各类互联网平台和市场主体参与交通、旅游服务大数据产品及增值服务开发，运用网站、微博、微信、应用程序等媒介，为社会公众提供多样化交通出行、旅游等综合信息服务，完善汽车租赁全国联网，推动实现一地租车、异地还车。政企合作推动 12301 智慧旅游公共服务平台建设，推广景区门票网上预约，完善重点景区客流监测预警等功能。在黄金周、节假日等旅游旺季，利用手机 App、服务热线、交通广播、高速公路服务区信息显示屏及其他自助终端、国省干道可变信息板等，发布周边热门景区最大承载量、入园人数和景区游客舒适度指数，推进相关平台信息共享。

（三）保障机制

交通与旅游的融合发展，需要多个保障条件，这包括政策保障、资金保障、土地保障、人才保障、典型示范和市场监管等。两者的融合发展需要多个因素共同作用，才能形成有效的保障机制，促进交通旅游的可持续发展。

例如，对于政策保障，要求政策从宏观角度出发，制定交通与旅游融合的相关政策，协调相关部门，在交通项目的设计、建设等全过程融入旅游元素；对于人才保障，可以从以下几点出发：一是成立交通与旅游融合发展智库，为政府提供决策建议；二是依托高等院校、科研院所、咨询机构，联合开展新技术、新工艺、新材料、新产品的科技攻关，研究解决交通与旅游融合发展的关键技术和实现路径；三是举办专题培训班，培养一批一线建设管理人才；四是引进一批国内外领军人才和高层次专业人才，充实建设管理队伍。

二、交通与旅游融合发展路径

结合交通与旅游融合发展的实际情况及其需求，在新的历史背景下，推进交通与旅游融合发展应当牢牢把握以下方向。

第一，坚持以"人"为中心

交通运输服务与旅游发展的一切工作都是为了人民群众，都是以满足人民群众旅游需求为根本出发点和落脚点，人民群众需要什么样的旅游运输服务，交通运输行业和旅游行业就应当提供什么样的服务，把满足最广大人民的根本利益作为发展的根本目的，努力提供高质量的交通与旅游融合产品及服务。

第二，坚持以市场为主导。充分发挥市场配置资源的决定性作用，给予市场主体更大的经营自主权和活动空间，调动市场积极性，充分释放市场活力。政府部门"不该管的就不要管"，"该管的就要管住管好"，更好地发挥政府在安全和服务监管等方面的作用，构建统一开放、安全规范、有序的旅客运输服务市场。

第三，坚持以创新为动力。创新是推动运输服务与旅游融合发展的不竭动力。以改革创新驱动发展，深入推进供给侧结构性改革，鼓励企业创新服务模式、服务产品、服务手段，实现创新发展。深入推进管理创新，应用互联网思维，加强行业管理。创新行业监管方式，监管手段，实现全天候、实时动态监管。

第四，坚持以融合为手段。以开放的态度对待行业间融合和新模式、新业态发展，整合交通运输和旅游资源，并坚持融合发展的理念，加强交通运输与旅游管理部门以及运输企业与旅游企业的协同和协作，发挥各自优势，相互支持，形成共建、共管、共营、共赢的格局。以包容审慎的态度应对新业态、新模式发展，加强新旧业态协作，着力寻求新旧业态的合作共赢点，妥善解决新旧业态融合发展问题。

第五，坚持以安全为底线。安全是一切交通运输企业生存和发展的前提。要把安全生产作为运输服务与旅游融合发展的基础，坚持底线思维，不断创新监管手段、监管方式，强化监管力度，促进行业可持续发展。

（一）完善旅游交通基础设施网络体系

1. 加强旅游交通运输基础规划

完善旅游交通基础设施网络体系，首要是要强化规划的引领作用，突出规划编制的重要性，通盘考虑交通运输设施建设与旅游要素、旅游资源的相互衔接，构建服务游客出行的"快进慢游网络"。统筹规划运输场站（旅游集散中心）、旅游景区（点）和公路交通网络充分融合，构建层次清晰、结构合理的多层次、多元化旅游公路网络，形成通达旅游目的地的便捷、高效、绿色、经济的公路网络。

2. 加快构建便捷高效的"快进"交通网络

依托高速铁路、城际铁路、民航、高等级公路等构建"快进"交通网络，提高旅游目的地的通达性和便捷性，实现远距离游客快速进出目的地。优化配置重点旅游城市列车班次，有条件的城市增开旅游专列，鼓励旅游城市增加开往主要客源地的直航航线航班，优化旅游旺季航班配置，鼓励按规定开展旅游包机业务。健全重点旅游景区交通集散体系，加干线公路与景区公路连接线以及相邻区域景区之间公路建设，在有条件的地区形成旅游环线，并根据景区旅游规模科学确定公路建设标准，做好自驾房车营地与交通干线之间连通公路建设。

3. 支持建设满足旅游体验的"慢游"交通网络

随着旅游大众化、个性化、全域旅游等新旅游时代的到来，旅游需求更加趋向多元化、旅游消费更加大众化，旅游交通的建设也在向集"吃、住、行、游、购、娱"于一体的"慢游"交通网络发展，满足日益增长的自驾游、自行车游、徒步游览等需要，提高游客出行体验，对于促进地方经济发展、助力脱贫攻坚、提高人民群众获得感等具有重要作用。因地制宜建设旅游风景道，结合沿线景观风貌和旅游资源，打造具有通达、游憩、体验、运动、健身、文化、教育等复合功能的主题线路，并根据需求增设自行车道、步道等慢行设施。支持为红色旅游景区直接配套的红色旅游公路建设；支持通往少数民族特色村寨、风情小镇、美丽乡村等旅游景点的乡村旅游公路建设。

（二）健全交通服务设施旅游服务功能

1. 提升公路服务区的旅游服务功能

建成一批特色主体服务区或目的地型服务区，开展"服务区＋地方特色""服务区＋扶贫"建设，推进"服务区＋旅游"融合发展；有条件的高速公路结合重要景区灵活设置出入口；在有条件的服务区设置旅游房车停靠综合区、自驾车营地、徒步骑行驿站、旅游风景道观光点，在临近重点景区的服务区设置景区门票售卖点，引入特色旅游商品和补给商品售卖服务功能；按照国家A级厕所标准。推进高速公路服务区的"厕所革命"；推动形成了集旅游、体验、住宿、餐饮、购物、休闲、娱乐、商贸等多功能、多业态发展的综合服务体和独具当地特色的主题服务区。

推动国省干线公路旅游服务功能的提质升级，加快开展普通公路服务区的建设，结合沿线村镇城市分布和景点游览需求，合理布设餐饮、休憩、住宿、汽修、厕所等服务设施，以及观景台、驿站、房车营地、机动车停靠带、解说牌等观光服务设施。在条件具备的地方可探索配套建设旅游驿站、旅游停车场、房车营地、徒步及自行车露营地等旅游基础设施，与旅游景区、乡村旅游点等充分融合，增设停车场，实现与旅游景区接驳服务等功能。特许第三方参与利用服务区设施提供餐饮、住宿等旅游服务经营活动，利用特许经营收入弥补服务区建设运维成本。

2. 强化客运枢纽的旅游服务功能

鼓励支持客运枢纽经营管理单位，比如机场、火车站、汽车站等拓展旅游服务功能，将具备条件的客运枢纽逐步向旅游集散中心转型。提升改造区域内的旅游信息服务体系、标识引导体系等旅游信息服务设施，提升旅游集散中心的综合服务功能。健全自助游集散、旅游咨询、车辆服务、自驾车租赁、气象预报等枢纽集散服务功能。鼓励开通交通枢纽、旅游集散中心至景区以及景区间一站直达的直通车，各地交通运输部门与旅游部门要加强衔接，积极支持在景区内设置旅游客运停靠站点，同时要在景区直通车线路审批、班线客运剩余运力向景区直通车转换、景区直通车与城市公交站点共享设施资源等方面予以优先支持，更好地解决旅游景区"最后一公里"通达问题。

（三）完善运输服务网络

1. 推进旅游客运市场集约化发展

①支持骨干龙头企业发展。建议各省根据各自的实际情况进一步出台支持骨干龙头企业发展的政策文件，鼓励骨干龙头企业兼并重组，整合线路、车辆、运输等各方面资源，使之形成强大合力，逐渐改变当地旅游客运市场多小散乱的局面，从而真正保障旅游旺季的运输服务能力，以从容面对挑战，以及避免争客强行、超员超速、非法载客等严重影响安全和不规范经营的行为。

②推进运输企业多元化发展。当前，道路客运企业运输市场份额相对饱和，如何进一步增强企业市场竞争力，寻求新的经济增长点，使之可以可持续发展，是许多企业正在探索的问题，面对旅游客运井喷式的增长需求，以市场需求为导向。可以鼓励运输企业与旅游企业合作，鼓励运输企业向旅游相关产业发展，拓展经营领域，实现运输企业的多元化经营，满足旅游客运市场多样化、个性化的市场需求、提升运输企业的市场竞争力，形成运输业与非运输业的良性互动格局。

③支持联盟发展。近年来，为各地因地制宜地建设了旅游集散中心，运输企业和旅游企业旅游融合发展深度也在增加，在此基础上，可以鼓励支持成立旅游集散中心联盟、旅游运输企业联盟，以充分利用各联盟成员单位现有的车站、车辆、线路、酒店、景区等各种资源要素，充分挖掘交通与旅游的零距离优势，通过组建及运作联盟实体公司，抢占交通产业与旅游产业的制高点，推动交通出行与旅游资源两条产业链之间的优化整合，实现运输产业与旅游产业的聚变融合，共同携手打造"交通＋旅游"新型连锁经营服务模式，助力全域旅游发展，提供优质旅游服务，以更好地满足人民群众的旅游出行需求。

2. 加强旅游客运网络覆盖

针对目前旅游客运网络覆盖深度和广度不够的问题，可以采取多种措施并举加以推进。各地根据当地旅游客运网络需要完善的具体情况，根据城市旅游公交、农村旅游客运、景区专线等多个层次的旅游客运发展模式的特点和适用性，延伸或增设旅游线路。针对重点旅游景区，可以在满足景区通达性的基础上，增设旅游专线，提高景区的快速直达性，提升景区的吸引力和更好地满足人民群众高品质的旅游出行需求；针对旅游城市，可以增设城市旅游公交线路，串联城市主要景点，方便游客浏览参观；针对农村旅游客运，加快推进城乡道路客运一体化，通过班线客运公交化改造、增加农村旅游线路等方式，提高农村旅游景区的通达性。通过多种方式以加强旅游客运网络的覆盖深度和广度，满足全域旅游的发展需求。

3. 鼓励创新旅游运输服务方式

①大力支持精品旅游运输发展。实施精品战略，在发展观光旅游时不断注入新内容，开发具有特色的特种旅游产品，以适应不同消费兴趣旅游者的需求，结合当地交通客运的特色，开发交通客运旅游项目。针对邮轮码头，可以鼓励其拓展旅游服务功能，例如，建设旅游客运码头及其游艇停靠点等，加强邮轮码头与周边城市旅游体系的衔接，积极引导有条件的城市建设成为邮轮旅游集散枢纽，发展邮轮、游艇等水上旅游运输产品。要结合当地具有地域特色、旅游资源禀赋、历史文化价值的旅游线路和客运网络，打造文化旅游交通运输服务产品。

②拓展定制旅游运输服务。"交通运输＋旅游"是客运业最顺理成章想到的，既能扬长避短又能比拼服务软实力的转型出路，道路客运企业应对市场，主动提供个性化服务，根据当地旅游特点和旅客的出行需求，开通定制旅游客运专线，开发菜单式旅游运输线路，方便旅客选择。

③创新乡村旅游客运服务。乡村旅游需求巨大，但存在乡村旅游道路路况不良、客运网络不完善等有效供给不足，以及游客体验满意度不佳等问题，要完善乡村旅游客运服务网络，为游客的便捷出行提供保障。以用户需求作为发展导向，从乡村自身的核心资源、特色等着手，找到核心的吸引

物，利用民族村寨、古村古镇等具有历史记忆、地域特色、民族特点的旅游小镇沿线开发旅游客运服务产品，形成一批主题鲜明、特色突出、错位发展的乡村旅游基地。

④推动出入境旅游运输发展。加快双多边协定的制修订工作，促进国际不定期旅客运输和自驾游的发展，与"一带一路"国家共商共建具有通达、游憩、体验、运动、文化等复合功能的国际旅游线路。鼓励企业开通邮轮港口通达旅游目的地的一体化旅游线路。

（四）推进行业治理能力现代化

1. 推进旅游客运行业改革

建议深化道路客运运价改革，研究建立以市场供求状况和服务品质等为基础的定价机制。各地道路运输管理机构要深入推进旅游客运"放管服"改革。最大限度地给予企业经营自主权。加快推进班线和旅游包车客运管理改革，鼓励集约化程度高、信用等级高、服务质量高、安全管理水平高的企业班线和旅游包车共享运力，探索实行"一车两证"，允许部分车辆既可以从事班线运输，又可以开展包车业务，鼓励运力过剩的班线客车依法转为包车；推进包车标志牌管理改革，简化单次包车合同备案手续，探索实行二维码等形式电子包车标志牌，在符合条件的情况下，允许企业根据业务情况实时备案和变更包车业务信息，放宽不合理的包车客运起讫点、单次时限和区域等管制；鼓励各地建立跨区域旅游客运运力调配机制。实现旅游客运集约化发展，鼓励规范旅游直通车发展，各地要根据实际情况，制定旅游直通车的运营管理要求，明确旅游直通车的性质、许可方式、线路、车辆、起讫点、中途停靠点等要求，为旅游直通车运营创造条件。

2. 完善法律法规

加快《道路运输条例》《道路旅客运输及客运站管理规定》等法规、部门规章的修订，以法规和部门规章的形式，明确旅游客运管理的相关要求，以法规的形式明确深化道路客运管理的相关措施，如一车两证、跨区域运力调配等。

3. 加强旅游客运运力需求管理

交通运输部门要会同旅游等部门，综合考虑本地旅游市场发展需求、旅游数据统计以及景区（景点）客流监测等情况，定期开展旅游客运需求量调查。科学确定并向社会公示旅游客运运力投放标准、规模和投放计划，研究建立旅游客运运力投放机制。鼓励实施旅游客运服务质量招投标管理制度，支持在公司化、规模化、集约化经营方面具有优势、诚信等级高、运输安全生产责任落实、经营行为规范、服务质量好的企业，拓展经营范围，扩大经营规模。建立健全旅游客运市场退出机制，把安全生产状况和质量信誉考核情况作为企业退出市场的主要依据。

4. 规范旅行社约租车行为

加强旅行社约租车市场监管，旅游、交通运输等部门要共同组织开展旅游用车情况专项检查，规范旅行社用车和包车客运企业经营行为。旅行社应当承包或租用合法、合规的营运车辆，不得强行指令道路客运企业、车辆违规运行，不得擅自让游客中途下车，旅游主管部门要加大对租用"黑车"的旅行社的处罚力度。旅游客运驾驶员应当按包车合同或包车票规定的线路、趟次和时间运行，不得中途招揽其他乘客，不得中途甩客。应当按规定驾驶时间驾驶车辆，避免疲劳驾驶。

5. 完善旅游客运市场信用体系

交通运输部门应当建立旅游客运企业、车辆、驾驶员的黑名单制度，加大对失信主体的跟踪检查和曝光力度。旅游部门应当建立旅行社、导游等市场主体黑名单管理制度，健全旅游经营企业及从业人员信用记录形成机制，及时完善旅游经营企业及从业人员信用信息及信用档案，探索建立健全旅游客运企业、旅行社等主体的信用等级评估制度。定期开展信用资质评价，根据评价结果进行相应的奖惩，并集中通报存在严重不良行为的企业，强化信用信息的重要性，比如在市场准入以及服务质量招标投标等环节，对信用评级较低的企业直接一票否定。交通运输部门和旅游部门应当加强信用管理协作，建立完善守信联合激励和失信联合惩戒制度。

6. 加强旅游客运联合执法

强化交通运输、旅游与工商、公安等部门之间的协调和配合，定期开展多部门联合执法，加强对旅游客运市场的整顿，并建立综合治理工作机制，依法打击"黑社""黑导"和"黑车"，推动实现正规车、正规社、正规导"三正"服务模式，有效保障游客人身财产安全。推动协调公安部门为具有合法经营资质的旅游客运车辆制定专段号牌，便于执法机构识别和打击非法营运车辆。

7. 畅通举报投诉渠道

要充分发挥12328交通运输服务监督电话、12301旅游服务热线等服务电话的作用，认真倾听旅客的呼声，及时受理、快速处理并回复旅客的投诉举报、信息咨询和意见建议等。建立12328交通运输服务监督电话和12301旅游服务质量监督电话的衔接机制，及时将投诉案件及时转办。各旅游客运企业、旅行社、旅游集散中心等也要及时公布相关服务的举报、投诉电话，要主动接受社会大众的监督。畅通的举报投诉渠道，一方面方便旅客表达自己的心声、反映旅客的利益诉求、维护消费权益、举报违法行为等；另一方面也可以了解自身存在的不足，并加以改进。

（五）加强信息化建设

1. 建设旅游客运信息平台

依托全国道路运输运政信息平台，整合各地旅游客运和旅游、信用等信息资源，建设全国旅游客运信息平台。鼓励各地整合交通运输和旅游信息资源，建设省级、市级旅游客运信息平台，要不断丰富平台功能，为行业管理部门决策、监管，企业运力调配、标志牌申领、市场开发等提供服务，满足旅行社、社会团体及个人用车需求，并选择合格的车辆。要求各省强化旅游包车客运信息化管理，统一包车客运管理信息系统，实现省际、市际、县际包车统一平台办理。

2. 加强旅游客运信息互联共享

通过信息平台建设，实现各级交通运输部门、旅游部门等行业管理部门的数据互联，促进建立跨部门、跨区域的协调联动机制，实现交通运输部门运输企业、车辆、驾驶员、服务质量考核、违法违规等信息与旅游部门旅行社、导游、旅游景区等信息共享。加强旅游客运信息平台与联网售票系统、运政信息系统、12328交通运输服务监督电话等系统的对接，及时共享信息。明确旅游客运信息接口标准和规则，促进国家旅游客运信息平台与省级旅游包车管理系统的数据共享。

3. 增强信息化服务水平

鼓励各地加强信息平台的开发应用，充分发挥信息平台的纽带作用，围绕旅游出行六大要素，结合地方特色拓展定制化的信息服务，向公众及时发布价格、运力、景区、旅行社、旅游客运车辆等服务信息。加强旅游和运输服务领域的移动互联网和大数据应用，引导各类互联网平台和市场主体参与交通运输、旅游服务大数据产品及增值服务开发。运用网站、微博、短信、微信、App、电子显示屏等媒介，为社会公众提供多样化交通出行、旅游等综合信息服务。

（六）加强旅游客运安全管理

1. 落实企业主体责任

运输企业是安全生产的主体，督促企业严格落实各项安全操作规程和安检措施，把措施落实到基层、任务分解到现场、责任落实到岗位、到人。不断完善各项安全管理制度，持续推进旅游客运企业安全生产的标准化建设，强化安全技术和相关从业人员管理，严格执行车辆检测、维护、报废等制度，加强对驾驶员的管理，按规定配置驾驶员等。

2. 夯实安全生产基础支撑

①推进旅游客运企业安全生产标准化建设。推动行业管理部门的安全生产标准化管理，通过搭建系统，梳理出行业监管的权力清单和责任清单，实现行业监管照单履职。同时，通过信息化系统，以问题隐患为导向，以整改落实为目的，实现行业监管闭环式管理。推动企业安全生产标准化管理。认真落实交通运输部关于道路交通安全风险的管控制度，搭建企业安全风险管理信息系统，加强道路运输企业的主体责任，建立全员安全生产责任体系，实现安全生产可追踪化管理制度。

②强化车辆安全技术管理。严格落实车辆安全技术要求应符合《道路运输车辆技术管理规定》。车辆符合车辆基本技术条件和技术管理的一般要求，定期进行车辆维护与修理，进行车辆检测管理，并加强监督检查，不符合规定者追究法律责任。

③旅游客运行业年度安全评估机制，探索建立第三方暗查、评估等制度。建立道路客运行业年度安全评估机制，通过突出重点、精确分析、率先预防、及时排查、落实整改等闭环管理措施，进一步夯实安全管理基础。建立行业安全隐患排查治理制度，根据隐患严重程度，实施督办制度，对隐患整改不落实的依法依规严肃处理。同时加强对隐患内容的统计分析，对行业共性隐患，及时采取有针对性措施，强化监管。

④加快完善"事中、事后"监管机制。强化各相关单位的"联勤联动"，提升综合监管效率。依托信息化手段，丰富日常监管模式，同时将明察与暗访相结合，将安全监管与日常考核相结合，整合监管资源，提高监管效率。

3. 加强旅游客运动态监管

①利用"电子围栏"等信息化手段，实现精准监管和动态监管。行业管理部门应充分运用大数据和信息化手段，进一步强化旅游车辆动态监控在安全管理工作中的作用，通过车辆的卫星定位数据和GIS（地理信息系统）相结合，在重点时段、重点区域建立"电子围栏"，对区域内车辆进行实时管控，将包车备案系统和动态监控系统实现有效结合。

②推动引入保险等第三方机构强化旅游客运车辆和驾驶员的动态监管。引导道路运输企业实施旅游客车承运人责任险统保工作，通过招投标方式确定承保公司、保额和费率等，将运输企业、保险公司和管理部门三方安全工作有效结合。

③强化预测预警预控和过程监管。通过引入第三方动态监控平台加强车辆动态监管，及时提醒和纠正驾驶员超速和疲劳驾驶等交通违法违规行为。消除安全隐患，并将多次存在违法违规行为的驾驶员作为安全管理的重点对象；并联合交通、旅游、文化执法等部门进行过程监管，持续加大对旅游客运违法违规行为的打击力度，营造严管氛围。

④建立旅游客运重大危险防控点辨识登记、安全评估、报告备案、监控整改、应急救援等工作机制。健全应急救援组织体系，制定出科学、合理、完善的应急救援预案等，并定期开展应急救援演练等相关工作。

4. 加强安全应急管理

①加强交通运输、旅游等不同部门之间的协调联动关系。交通运输部门应与旅游部门开展战略合作，积极推进运政管理系统、客运包车管理系统与旅游行业管理信息系统对接等；加强市场监管，组织旅游用车情况专项检查，规范旅行社用车和包车客运企业经营行为，推进区域联合执法，重点围绕"两客一危"车辆。加强区域运政稽查工作的配合与协调，实现稽查信息互通和资源共享，重点检查未经许可擅自从事包车经营、不按标志牌载明的事项运行、招揽包车合同以外的旅客乘车等违法行为。

②加强重大节假日、旅游高峰时段的安全应急管理工作，加强预报预警，及时做好突发事件处置。针对旅游景区和公园等主要游客聚集场所，建议加强预报预警，及时向社会发布旅游和客运动态信息，采用信息化等手段引导旅游高峰客流，提升旅游运输服务应急保障能力。发生旅游客运突发事件时，能够准确判断影响程度，及时启动相应级别的应急预案，果断处置，调集各方资源，有效控制事态发展。

③突出加强灾害性天气的预防、预报和预警工作。发生涉及旅游的气象灾害事件时，要及时组织开展有针对性的预报会商和区域联防，准确提供应急处置的技术支持和后续气象保障服务。

第五章　交通运输行业与企业管理

第一节　交通运输行业管理与控制

一、交通运输行业管理概述

运输行业管理系统，主要是指作为国家政府的各级运输主管部门及其授权的管理机构，为了实现国家的经济发展的总目标，履行政府行政职能，对交通运输业的经济活动所进行的规划、协调、监督和服务工作的系统。

(一) 中国交通运输行政管理机构

1. 国务院下属的综合性机构

(1) 国家安全生产监督管理总局

国家安全生产监督管理总局是中华人民共和国国务院直属的正部级行政机构，主要负责指导、协调和监督公路、水运、铁路、民航、建筑、水利、邮政、电信、林业、军工、旅游等行业的安全生产工作。

(2) 国家发展和改革委员会

中华人民共和国国家发展和改革委员会作为国务院的职能机构，是综合研究拟定经济和社会发展政策，进行总量平衡，指导总体经济体制改革的宏观调控部门。针对交通行业，其负责研究交通运输发展的状况，提出交通运输发展战略、规划和体制改革建议；拟定促进交通运输技术进步的政策，对交通运输现代化实施宏观指导。

2.外经贸部门

(1)中华人民共和国商务部对外贸易司

它是外经贸系统外贸运输的归口和领导部门,负责拟订国际货运代理企业资格标准,承担法律法规规定的资格审定,拟订我国国际物流发展的政策,参与多双边运输协定的谈判。

(2)各地方商委的仓储运输机构

它主要负责本地区外贸运输组织、管理和协调工作的日常管理。

(3)在香港或国外港口的外贸运输机构

它主要办理我国进出口货物的转运、联运、船务代理以及其他有关运输业务。

3.交通运输管理机构

(1)铁路运输管理机构

铁路运输管理机构是负责铁路运输行业监管、规划、协调及服务的重要组织体系,其职能涵盖了铁路运输的各个方面,确保铁路运输的安全、高效、有序进行。

在中国,铁路运输管理机构主要由政府部门和中央企业共同构成。政府部门方面,国家铁路局是国务院交通运输部管理的副部级国家局,主要负责铁路的规章制度制定、安全监管、运行监测、国际合作等多方面工作。国家铁路局下设多个地区监管局,如中国铁路哈尔滨局集团有限公司、中国铁路沈阳局集团有限公司等,这些地区监管局在铁路的地方监管中发挥着重要作用。此外,公安部铁路公安局也承担着铁路公安业务的监管职责,确保铁路的安全稳定。

在中央企业层面,中国国家铁路集团有限公司是铁路客货运输的主体,同时也负责铁路业务的国家级管理和协调。它下设多个铁路局集团有限公司,如中国铁路北京局集团有限公司、中国铁路上海局集团有限公司等,这些公司负责具体的铁路运输业务,包括旅客运输、货物运输、列车调度等。中国国家铁路集团有限公司还承担着铁路建设、技术创新、国际化发展等重要职责,推动中国铁路事业的持续发展。

（2）水运管理机构

交通运输部水运局：负责水路建设和运输市场监管等工作。其为交通运输部直属行政机构，实行垂直管理体制，履行水上交通安全监督管理、船舶及相关水上设施检验和登记、防止船舶污染和航海保障等行政管理和执法职责。

中华人民共和国公安部（以下简称公安部）：依法管理国籍、口岸边防检查工作。

（3）航空运输管理机构

中国民用航空局是中国民用航空运输管理机构。目前我国分为七大民用航空管理区，由中国民用航空局下设华北、东北、华东、华南、西南、西北、新疆七个民用航空地区管理局，负责管理本地区所属的航空公司、机场、航站、导航台等企事业单位的行政与航空事务。

（4）道路运输管理机构

交通运输部运输服务司：负责拟订综合交通运输基本公共服务标准、基础设施、有关道路运输企业安全生产监督管理工作。

交通运输部公路局：负责公路建设市场监管工作等。

公安部：指导、监督消防工作、道路交通安全、交通秩序以及机动车辆、驾驶员管理等工作。

（5）交通运输服务行业的管理机构

本处所称的交通运输服务行业管理机构是指对从事运输代理、无船承运、劳务、维修、供应等辅助运输生产的行业的管理机构。

①运输代理。国际货运代理行业，对于外商投资设立的国际货代企业由商务部进行审批；对于内资设立的国际货代企业则由工商部门审批，即取消行政审批，实行备案制。

②无船承运由交通运输部审批，不过目前在上海市进行省级审批试点。

③劳务、维修、供应等。

（二）对中国交通运输行业管理改革的建议

1. 交通运输机构设置注重部门重组与部内结构优化同步进行

为了大力加强交通运输部的总体协调能力，确保铁路、航空与公路、水路、轨道交通管理的功能最大化发挥，尽可能消除交通运输部内部部分职能部门各自为政问题，需要建立一个具有资源配置权威性的行政管理部门，实现部内结构优化，将可能出现的部际协调困难与冲突现象进行有效控制，避免其形成部内部门间冲突，以此保证真正发挥大部门体制的整合性功能优势。

2. 建立交通运输行政管理跨部门及中央与地方的协调机制

中央政府和地方政府职能存在明显的差异，其分工的明确性直接决定两者职能的发挥程度，在分工方面，中央政府主要负责对经济与社会事务的宏观管理，地方政府主要负责提供公共服务，大部门体制改革的重点是转变政府职能、提高行政效率，中央大部制改革后，地方政府的改革应同步推进。现阶段应加快地方交通运输行政管理体制改革，在中央交通运输部门的领导下，创新体制机制改革，支持地方交通主管部门负责行政区交通运输发展，鼓励各地区自行探索综合交通运输改革办法，可因地制宜地建立改革试验点，加快形成"大交通"管理体制和工作机制。

3. 合理限定政府职能，理顺政府、市场与社会之间关系

政府与市场的关系即政府落实的宏观调控以市场的资源配置为基础，所以市场自身通过供求关系对产品价格的调整作用必须引起重视，政府应结合市场的此作用调动不同交通运输方式之间的竞争性，以此实现对价格的优化配置。

理顺政府与社会关系，发挥社会力量在社会事务管理中的作用。交通运输部可以向社会购买服务，且在公共交通，汽电车等领域发展过程中强化竞争意识，继而以此来引导交通运输部门在市场竞争日益激烈的背景下提高自身整体竞争实力，提升整体服务质量。

理顺政府部门之间关系，健全职责体系。在对政府部门进行职能科学分析的基础上，按照权责一致原则，调整部门的职责权限，划分部门的职能分

工，同时基于职能合理划分保障工作人员明晰自身工作范围，并严格按照岗位责任制度细则执行相应的工作任务，避免不规范职能划分问题的凸显，且避免多头管理、政出多门的弊端。

4. 完善交通运输法律法规，达到系统化交通运输建设目的

为了保障交通运输领域的有序发展，要求相关机构着重强调对交通运输相关法律的完善，推进交通运输综合执法还必须加快法治政府部门建设。政府部门可遵循提高管理效率的成功经验，对执法队伍进行有效的整合，以此缩减行政层次，加大交通运输部门的执法能力。

5. 发挥信息技术对交通运输的作用，推进智能交通建设

加快推进交通运输向信息化、智能化方向发展，落实交通运输设施与信息系统互联互通工作，并在此基础上不断挖掘社会力量和市场运行机制在推动交通运输行业数据的安全共享方面的重要作用，加大交通运输行业科技创新的力度，积极将相关科技领域的研究成果应用于交通运输领域，使其更好地为经济发展提供服务。

二、通运输政策

（一）交通运输政策的内涵

我们可以将交通运输政策定义为，一国政府为了促进交通运输业的发展，并使其充分发挥基础产业的作用，主动运用各种经济、法律等手段，针对交通运输业所采取的一系列政策措施的总和。具体而言，政府通常会制定相应的政策来干预和影响运输产业和运输市场。在经济层面，这一干预政策往往以控制市场准入、运输价格和服务行为规范来体现；在社会层面，这一干预政策往往以维护社会和公益为目标，通过制定运输安全、环境保护、运输工人劳动保护等规范来实现。

从交通运输政策的定义来看，构成交通运输政策的要素主要有交通运输政策的主体、交通运输政策的客体以及交通运输政策运行环境三个方面。不同国家的交通运输政策体系特征总是建立在这些要素的基础上。通过这三个要素的比较分析，可以比较全面、准确地把握不同国家及其不同部门交通运

输政策的异同。

（二）交通运输政策的作用和局限

1. 交通运输政策的作用

交通运输政策是一个重要的产业政策，长期以来，大多数发达国家和发展中国家在制定或调整产业政策时都把交通运输政策作为一项重要的内容。究其原因，主要是交通运输政策具有以下几种基本作用：

①弥补市场失灵的缺陷。

②实现超常规发展。

③促进交通运输产业结构的合理化与高度化，实现资源的优化配置。

④从军事和经济上保障国家的安全。

2. 交通运输政策的局限

应该认识到，交通运输政策并不能够解决所有运输问题，它在某些方面还具有一定的局限性，这主要体现为：

①交通运输政策并非对交通运输领域的各个层面都具有同等作用。

②交通运输政策只是一个外部变量。

③交通运输政策的实施需要一定的成本和代价。

④交通运输政策作为一种政府行为，也存在失效的可能性。

（三）交通运输政策的分类

由国家或地方政府制定的交通运输政策，按其性质可分实施介入性交通运输政策、保护与扶持性交通运输政策和基本调控性交通运输政策三种。

1. 实施介入性交通运输政策

实施介入性交通运输政策，包括直接介入性政策与间接介入性政策。

①直接介入性政策。直接介入性政策是指各级政府通过专项税费征收或直接经营企业介入交通运输市场的有关政策。直接介入的措施主要有征收社会性专项费用和直接经营性介入。

②间接介入性政策。间接介入性政策是指政府基于社会公众利益或国家经济发展政策的需要，对运输企业行为所制定的规范以及政府对该运输企业经营活动所实施的监督性政策。间接介入性政策也称为运输管制。

2. 保护与扶持性交通运输政策

保护与扶持性交通运输政策包括运输保护政策与运输扶持性政策。

①运输保护政策。我国有的省内允许对边远山区的国有公路运输企业实行政策性亏损以及对省际、市际、县际间实施公路客运平衡性业务协调等即属于一种地区性运输保护性政策。我国目前在城市公共客运业实行"城市公共汽车、电车专营制度",也是对城市公共客运尤其是其中的国有企业实行的一种保护政策。在国际海上运输中,为了发展本国海运业,许多国家都采取了财政补贴、货载优惠、对外国海运业的管理和限制等海运保护政策,以促进本国海运业的发展。

②运输扶持性政策。运输扶持性政策,原则上是以运输市场的运输产品价值规律为基础实行的。比如,对于能合理经营但资金不足而导致经营困难的运输企业实行长期低息贷款或财政补贴、减免税费等;对于必须建设的大型运输企业(如铁路、空运、城市快速轨道交通、港口企业等)因地方资金不足而采取国家与地方财政联合投资;各国政府对于运价水平低于运输产品价值的公共运输业实行必要的财政补贴或减免税费征收等,都是国家或地方政府对相关运输产业实行的运输扶持性政策。

3. 基本调控性交通运输政策

基本调控性交通运输政策是指政府主管部门对运输所采取的宏观控制政策,主要包括运输投资、运输结构和运输经济调控手段等方面。

三、交通管理

所谓交通管理就是按照既定的交通法规的规定和要求,运用各种手段、方法和工具合理地限制和科学地组织、指挥交通。所谓交通控制就是运用现代化的信号装置、通信设施、遥控、遥测计算机设备及各种软件对行驶的载运工具准确地调度,使其安全、通畅地运行。两者结合起来就构成交通管制系统。目前在世界范围内,世界各国都在其各种运输方式中普遍采用了智能化的交通控制系统。

(一)交通管理的相关概念

交通管理是根据有关交通法规和政策措施,采用交通工程科学与技术,对交通系统中的人、车、路和环境进行管理,特别是对交通流合理地引导、限制、组织和指挥,以保障交通安全、有序、畅通、舒适、高效。

交通管制是公安机关交通管理部门根据法律、法规,对车辆和行人在道路上通行以及其他与交通有关的活动所制定的带有疏导、禁止、限制或指示性质的具体规定。一般是在集会游行、大型运动会、道路桥梁建设、救灾抢险、执行重要警卫任务等情况下对交通行为实行的限制,主要是临时性的规定。实行交通管制后,市民应该遵守管制通告,积极配合交警部门的工作。

1. 交通管理与交通管制的关系

交通管理是指按照既定的交通法规的规定和要求,运用各种手段、方法和工具合理限制和科学组织、指挥交通。交通管理实际上包括交通规划、交通管制(控制)和交通服务三个方面的内容。

2. 交通管理的任务

交通管理的目的是防止运输工具与运输工具及障碍物相撞,并且要使交通有序、高效地运行,争取最少的延误、最短的运行时间、最大的通行(过)能力和最低的营运费用,从而最后取得良好的经济效益、社会效益和环境效益。

3. 交通管理在航空领域的应用

以空中交通管理为例,它的基本任务包括以下五项内容:

①为每个航空器提供其他航空器的即时信息和动态。

②由这些信息确定各个航空器之间的相对位置。

③发出管制许可、使用许可和信息防止航空器相撞,保障空中交通畅通。

④用管制许可来保证在控制空域内各航班的间隔,从而保证飞行安全。

⑤从航空器的运动和发出许可的记录来分析空中交通情况,从而对管制的方法和间隔的使用进行改进,提高空中交通的流量。

(二)各种运输方式交通管理的特点

1. 铁路交通管理的特点

以铁路运输为代表的轨道运输只有一个变数(方向),上下与左右两向受到了物质基础的严格限制。铁路运输的这一特点，一方面，使得对铁路列车的运行管制主要集中体现在方向的隔离上，即列车追踪区间间隔和车站时间间隔；另一方面，由于铁路列车的上下、左右受到限制，因此，对于铁路列车在方向上隔离的准确度要求较高。此外，现行的铁路管理体制也决定了铁路交通管制与铁路企业调度机构合二为一，即实行政企合一。

2. 道路交通管理的特点

道路运输为带状运输，有两个变数（方向及转弯），需要对左右和前后两向分别实施空间隔离，加之，道路运输存在路网密集、交叉点多、参与者多且复杂等特点。因此，对道路交通的管制，除了应建立交通规章、指定优先路线外，还专门设置交通警察指挥交通。

3. 水路交通管理的特点

水路运输也称为带状运输，同样需要对左右和前后两向分别实施空间隔离。

与道路交通管制相比，水路交通管制有自己的特点。一方面，水路交通管制具有"点"控的特点，即交通管制主要集中在以港口为中心的水域，对港区以外的海域主要由驾驶人员依据水路交通规则进行操纵与控制；另一方面，水运船舶的种类繁多、吨位差异极大、航速与机动操纵性能大不相同，受风浪、急流、浓雾等自然因素的影响较大，而且国际航行的船舶还必须适应国际海事的要求，即具有突出的涉外性。

4. 空中交通管理的特点

飞机的运行轨迹为三维空间，有三个变数（方向、上下及转弯），需要对其进行三维隔离。同时还要受到空中交通管制机构的管理。

（三）各种运输方式交通管理系统

1. 铁路交通管理系统

按设备分布的地点，铁路交通管理系统分为：调度中心系统、车站信息系统和车载及地面控制系统。

（1）调度中心系统

调度中心系统是整个先进列车控制系统的神经中枢，是最上层的决策机构。调度中心负责制订运输计划和担负列车运行调度指挥工作。调度中心的核心设备是运输管理系统服务器、列车运行管理系统服务器、列车运行控制系统服务器，每套服务器都是高速可靠的多机系统，采用高速网络连接所有的服务器和客户机，并通过远程网络与车站、地区的管理维护中心局域网相连。调度中心服务器支持各调度台的客户机系统，提供信息共享以及声音、图像等多媒体支持。行车、机车等调度台通过局域网、分布数据库实现数据共享。

（2）车站信息系统

车站信息系统的核心是服务器支持的局域网，并通过远程网络与调度中心相连。

车站信息系统的核心任务是采集列车位置、信号设备的状态等列车运行信息，并将其传送到调度中心；接受调度中心的列车运行计划并转换成命令驱动道岔和信号，为列车准备进路。车站系统接收调度中心由列车运行计划产生的旅客向导信息，以自然语言和文字引导旅客，并可以为旅客提供咨询、娱乐等服务。

（3）车载及地面控制系统

列车运行控制系统主要由车载系统和地面控制系统组成，它们直接控制列车运行。现代先进列车控制系统采用精确的列车定位技术，精确地测定列车位置，同时也测定列车的速度以及加速度等。列车通过车载计算机接收前方列车的位置和状态信息，接收信号、进路信息。车载数据库存有列车所运行区段线路的纵、横断面信息，车载系统存有本列车的性能和驾驶方法。根据这些信息车载系统计算出本列车应有的工作方式，必要时采取制动，甚至是紧急制动措施。车载系统除了车载的计算机系统外，还有车载的通信系统，在机车上设置数据-通话兼容的无线通信设备。通过车上的数据通信设备将列车的位置、速度、加速度、列车工况等数据传递到调度中心；列车将调度员和调度系统的有关指示，通过无线通信方式传递给司机。

2. 水运交通管理系统

随着世界外贸海运量迅速增加，大量船舶频繁活动于港口和海上交通要道，加之船舶向大型化、高速化发展，使港口航道拥挤不堪，导致这些水域的海损事故率逐年增加。国际海事组织对此制定了相应的对策,船舶交通管理系统(亦称船舶交通服务系统,Vessel Traffic Services,VTS)就是其中之一。

(1) VTS功能与组成

VTS旨在提高交通安全、交通流效率和保护环境。VTS的功能包括收集数据、数据评估、信息服务、助航服务、交通组织服务与支持联合行动。VTS由VTS机构、使用VTS的船舶与通信三部分组成。

VTS在其覆盖的水域收集两方面数据:一方面是航路的气象、水文数据及助航标志的工作情况;另一方面是航路的交通形势。收集到数据以后,再用适当的方式显示这些数据,根据国际与当地的船舶交通规则以及有关的决策准则,对交通形势现状与发展趋势进行分析,这就是数据评估。

(2) VTS设备

VTS的设备配置随VTS系统的等级不同而变化,一个完整的VTS系统应配置如下子系统:雷达监测子系统;通信子系统;计算机子系统。

(3) VTS对船舶的服务和监督

根据IMO规定,凡使用VTS的船舶应符合《国际海上人命安全公约》的要求。到达实施VTS港口之前应注意做到以下几点:

①仔细阅读VTS主管机关印发的出版物,了解当地水上交通规则及其他相关规定。

②保证船舶助航与通信设备处于正常工作状态。

③注意按照规定收听VTS中心发布的有关消息。

④按照VTS主管机关的规定,正确、及时地向VTS中心报告有关信息。

⑤一般不改变经船舶与VTS中心双方同意的航行计划。

⑥迅速、准确地向VTS中心报告意外情况。

⑦当到达或离开VTS区域时要向VTS中心进行到达与最终报告。

3. 航空交通管理系统

(1) 航空运输生产体系

航空运输生产按其生产内容可以分成五大体系,在运输现场指挥部门的统一组织下，各管理部门和岗位之间分工合作，共同完成航空运输生产任务。这五大体系包括：

①机场保障体系；

②机务维修管理体系；

③航行业务管理体系；

④油料供应保障体系；

⑤运输服务体系。

(2) 航空客货运输管理

①航班运输生产管理。航空旅客和货物运输是航空公司的主营业务，是航空公司赖以生存的社会基础和经济基础。航空客货运输生产管理分四大部分：第一，航班计划管理；第二，市场销售管理；第三，地面服务管理；第四，运输飞行管理。航班运输飞行分为飞行准备和飞行实施两部分。

②航空旅客运输生产的组织与实施。航空运输生产过程在"安全正点、优质高效"的原则下，通过有机地组织和协调，有效地完成生产任务。它主要包括：

A. 市场营销组织；

B. 制订航班计划；

C. 座位管理；

D. 吨位控制；

E. 运输飞行组织；

F. 生产调度。

(3) 空中交通管制的工作任务与机构

空中交通管制工作在民用航空运输中发挥着重要作用。它的主要目的是：使航空器按计划飞行，使保障工作有条不紊；维护飞行秩序，合理控制空中交通流量，防止航空器之间、航空器与障碍物之间相撞，保证飞行安全；对违反飞行管制的现象，查明情况，进行处理。空中交通管制模式：完全一体化、不完全一体化、军方控制。

四、章道路交通管理系统

(一) 交通流量调查

1. 交通流量调查的目的

交通流量是指单位时间内通过道路或车道某一断面的交通实体的数量。交通流量调查的目的是：

①对某一地点做周期调查，掌握交通流量随时间推移的变化规律，据此预测交通流量的发展趋势。

②为道路规划、建设及交通管理与控制提供交通流量流向数据。

A. 通过区域性交通流量调查决定新建与改建道路的先后顺序，即为投资顺序、安排提供定量依据；

B. 通过道路现有交通流量调查，确定设置信号、标志及采取某项交通管理措施的必要性；

C. 为道路几何设计及交通控制设计提供交通流量依据。

③通过事前、事后的交通流量调查，评价交通管理措施的效果。

④在交通研究中通过交通流量调查掌握交通实态。

⑤用于推算道路通行能力、计算事故率及道路运输成本和收入等。

交通流量调查的种类

交通流量的调查只需在某种确定的条件下，统计通过道路或车道某一断面的汽车数量。本节仅就交通动态观点介绍交通流量调查分类：

(1) 区域交通流量调查。

(2) 小区边界线交通流量调查。

(3) 核查线调查。

(4) 特定地点的交通流量调查。

2. 交通流量调查方法

交通流量的调查是在固定地点、固定时段内的车辆数量调查。它有许多方法，诸如：人工观测法、试验车移动调查法、车辆感应器测定法及视频检测法等。

(1) 人工观测法

人工观测法简单、易行，不需要复杂的设备，但需要较多的人力，而且长时间观测时由于工作单调易于疲劳，故很难保证观测质量。

(2) 试验车移动调查法

试验车移动调查法，可用较少人力测定较长区间内的平均通过交通量，并可在测定交通量的同时求取区间速度与密度，这对研究各参数间关系非常方便。但此法仅适用于短时间的测量。

(3) 车辆感应器测定法

使用车辆感应器测定交通流量安全、可靠，且适用于常年连续观测，但它的购置费用较高，还需经常进行检验、维修及电源保证，对测试人员技术水平的要求也较人工测定高。

(4) 视频检测法

其基本原理：视频图像处理器通过分析交通场景的图像来确定连续画面之间的变化，以监测车辆。分析黑白图像的图像处理算法检测画面像素的灰度变化。这些算法能去除由图像背景引起的灰度变化（由天气状况、阴影、日间或夜间的假象及停止的汽车、卡车、客车、摩托车和自行车等引起）。由连续画面过滤而得的信息可计算出交通流参数。

(5) 微波检测

微波检测又称为微波雷达监测。"雷达"一词来源于它所实现的功能：无线电探测及测距。"微波"一词指可传递能量波的波长，通常在 $1\sim 30$ cm，对应的频率范围为 $1\sim 30$ GHz（1 GHz$=10^9$ Hz）。

(二) 交通控制系统简介

1. 交通控制系统分类

交通控制系统就其运行方式而言，基本上可以划分为两大类：第一，按照固定配时方案运行的，即固定配时方案控制系统，也叫作定周期信号控制系统；第二，由车辆检测器提供的实时交通流信息控制信号机运行的，即信号机根据实时交通状况，自动改变或调整配时方案，对交叉口实行实时随机控制的感应式信号控制系统。

交通控制系统就其控制范围来讲，可分为：第一，单个交叉口独立控制，即所谓单点信号控制系统；第二，仅仅包含一条连续路线的多个交叉口联动控制，即干线协调控制系统（线控）；第三，整个路网的联动协调控制——区域协调控制系统（面控）。

2. 仿真软件介绍

VISSIM 中每个车辆以 0.1~1 秒的间隔重新计算位置，可以研究私家车、公交车、行人的运动。通常的应用包括：

①仿真交通走廊，确定系统性能、瓶颈、改善潜力。

②交通管控研究，包括逆行系统、可变速度限制、匝道控制、路线诱导。

③开发和分析管理策略，包括主线运营、施工期运营影响。

④交通干道研究。

⑤控制逻辑和运行性能分析。

⑥公交信号优先策略。

⑦公交线路分配。

⑧交通净化措施研究。

VISSIM 采用 C++语言，采用面向对象的方法开发。在每一类里面，每个对象都由属性值和方法刻画，其中方法描述每个对象能够完成的功能。

交通系统可归纳为交通供应、交通需求、交通控制设施、数据输出四个部分。

交通供应描述物理基础设施情况，包括信号灯杆、停车设施、公交站、停车场、检测器等放置在物理基础设施上的设备。

交通需求生成运行在交通供应上的人、车需求，交通需求通过 O-D 矩阵、路段输入确定。分配模型和路径流量描述是这个模型的一部分。公交线路被定义为路段和站点的序列。

交通控制设施：非立交的交叉口由交通控制模块定义规则，包括四个方向停车让行规则、主次路通过间隙接受的优先规则、交通信号控制方案等。

数据输出：包括动态演示、交通控制状态、统计数据、车辆状态。

第二节　交通运输企业过程管理

一、交通运输企业管理概述

（一）交通运输企业管理概念

交通运输企业是从事运输生产或提供运输服务活动的经济组织。交通运输企业的活动要能满足社会对运输的一定需求并获取盈利，能进行自主经营，实行独立经济核算，并依法登记，具有法人资格的基本经济组织。

交通运输企业管理是通过计划、组织、指挥、控制和协调、鼓励等职能的发挥，来协调运输企业内部和外部的关系，以达到充分利用人力、物力、财力，来保证实现运输企业预期目标所进行的各种工作的总称。

（二）交通运输企业管理的作用

交通运输企业管理的作用主要体现在四个方面：第一，运输企业管理可以有效协调运力和运量之间的平衡问题。运输企业根据运量情况，对本企业的运力进行合理配置，使运量与运力配置相平衡。第二，运输企业管理可以提高运输工具的运行效率，从而提高运输业的微观经济效益。第三，运输企业管理能够统筹安排，有效保证运输生产协作，对于整个运输过程而言，运输部门、货主部门、运输部门内部各相关生产单位通过一定的组织形式，协同合作使运输任务高效完成。第四，运输企业管理可以针对运输体系内的薄弱环节进行有效组织，提高整个系统的灵活性和效率。

（三）交通运输企业管理的基本要求

交通运输企业管理的基本要求包括：

①连续性；

②平行性；

③协调性；

④均衡性。

（四）交通运输组织管理的内容与程序

1. 交通运输组织管理的内容

交通运输组织管理的内容既包括对交通工具、装卸、搬运工具等作业设备的管理,也包括对运输货物本身的管理。在实际业务过程中,往往把前者称为运输工具管理或者港站技术管理,把后者称为货运业务管理。

(1) 运输企业组织管理的内容

运输企业组织管理的内容包括:计划、组织和调度三部分。

首先,运输生产的计划工作可以分为经营计划和管理计划两种,经营计划是指为了达到企业适应市场环境变化和发展而做出的全局性决策,管理计划是经营计划下企业不同部门、不同职能、不同项目的活动决策。

其次,制订好运输计划后,就是运输业务的组织过程,即对企业拥有的各种资源进行配置和协调的过程,使它们能按一定的程序运作。运输计划最终要落实到每个运输工具上,对每个航次(运次、车次、班次)过程进行组织与管理,力求运输工具在时间、速度、行程、载重量、动力等方面都有良好的利用。

最后,运输调度管理。一方面,要依据生产计划对企业成员赋予职、责、权、益方面的划分以确保计划实施;另一方面,又要监督计划实施过程中生产活动不偏离计划主线,风险出现时还要能采取应急机制规避风险,其中更要注重对员工积极性的激励。因此,信息反馈很重要,运输调度管理是在信息流的作用下解决计划实施过程中所出现的问题的过程。

(2) 港站企业过程管理的内容

港站企业是专门从事运输工具在港站作业以及货物装卸、搬运、储存、保管等作业管理的单位,其生产过程管理的内容也包括三个方面:计划、组织和调度。

①港站生产计划;

②港站生产作业组织;

③调度管理。

2. 交通运输组织管理的工作程序

虽然不同的运输企业之间组织结构不同,运输方式不同,但是从宏观的角度来说,交通运输企业生产程序基本的流程是相似的,概括起来分为九个步骤：

①货物市场分析；

②营运分析；

③成本分析；

④收益分析；

⑤编制运输生产计划；

⑥市场营销；

⑦制定运输方案；

⑧实时运输方案；

⑨效果评价与反馈。

在运输企业生产过程管理中，以上步骤不断循环、相互联系，使运输组织工作不断完善。

二、交通运输生产过程及相关术语的概念

（一）交通运输生产过程的概念

交通运输生产过程是利用线路、运输工具等技术设备，将人或原料和产品从一个生产地点运送到另一个生产地点或消费地点的全过程。

运输工具完成一次完整的货运生产过程必须包括以下主要环节：

①准备工作：向起运地点提供运输工具。

②装货工作：在起运地点将货物装上运输工具。

③运送工作：运输路线上由运输工具运送货物。

④卸货工作：在到达地点从运输工具卸下货物。

对于运输工具完成包括准备、装货、运送和卸货共四个环节在内的一次完整的运输生产过程，在水路运输中称为航次，在公路运输中称为运次，在铁路运输中称为车次，在航空运输中称为班次。

如果运输工具在完成运输工作过程中，又周期性地返回到第一个航次（运次、车次、班次）的起点，则这种过程称为周转。

（二）交通运输生产过程的分类

1. 根据作业所处的时间不同划分

根据作业所处的时间不同可以分为三个阶段：准备阶段、生产阶段、结束阶段。

2. 根据作业的性质及作用的不同划分

根据货物被服务的性质和作用的特点的不同可以将生产过程分为四个过程：运输生产准备过程、基本运输生产过程、辅助运输生产过程和运输生产服务过程。

3. 根据作业性质不同

交通运输生产过程按作业性质不同，可分为运输工具运行组织和运输业务组织。

（三）交通运输生产的特点

物流运输生产活动除了受政府管制与扶持以外，在其产品和生产过程方面也与其他工商部门有着明显的差异，具有自己的特点。

1. 运输产品的特点

①产品效用的同一性。

②运输产品的多维性。

③产品的计量单位通常是一个复合单位。

④产销计算单位的不一致性。

⑤产品质量具有特殊性。

⑥产品无法存储、调拨性。

2. 运输生产过程的特点

①运输生产的连续性、广袤性、网络性。

②运输生产的稳定性较差而动态性较强。

③运输生产的规模化特性。

④劳动对象的不可控制性。

⑤生产在销售之后。

三、各种运输方式企业生产组织管理

（一）各种运输形式经营组织方式

1. 铁路经营组织方式

①整车运输。

②零散快运。

③快运。

④特种运输。

⑤集装箱运输。

2. 水路经营组织方式

①定期运输。

②不定期运输：程租、期租、包租、光租。

3. 公路经营组织方式

①多班运输。

②专业运输。

③拖挂运输，分为定挂运输和甩挂运输两种形式。

4. 航空经营组织方式

①班机运输。

②包机运输。

③集中托运。

④特快专递。

（二）各种运输方式组织管理流程

由于各种运输方式具有不同的运输工具和场站线路及设备，因而，各种运输方式的运输生产过程的组织管理在内容和程序上都具有其自身的特点。

1. 铁路运输

铁路货车场站企业技术管理过程是指自货车到达车站时起至从车站出发时止，必须办理的各项作业的全过程。货车按其在车站办理技术作业的特征可分为无调中转车、有调中转车和货物作业车三种情况。

2. 水路运输

水路运输的企业管理一般发生在港口生产作业环节，港口生产作业过程可以划分为船舶转运作业、装卸作业、货物搬运作业、货物仓储作业、货物集疏运作业和辅助作业六个环节。

3. 公路零担货运

零担货运是指一张（一批）货物运单托运的货物重量或容积不够装一车（不够整车运输条件），运输部门安排和其他托运货物拼装进行运输的方式。其业务流程主要分为八个部分，分别如下：

①受理托运；

②核对运单；

③检查货物包装；

④过磅量方、检货司磅；

⑤扣、贴标签、标志；

⑥货物入库；

⑦货物配载装车；

⑧卸车交货。

4. 航空运输

航空运输业务流程主要分为九个环节：

①托运受理；

②订舱；

③货主备货；

④接单提货；

⑤缮制单证；

⑥报关；

⑦交货；

⑧信息传递；

⑨费用结算。

5. 多式联运

多式联运一般业务流程如下：

①货主（发货人）提交发货委托书或亲自登门办理托运手续。

②联运经营人（联运办公室）根据货主委托书，在规定时间、地点派车取货或由货主亲自送货，货物在联运企业仓库集结。

③联运经营人（联运办公室）办理货物票据手续及核收运杂费。

④根据货主规定的发货日期（或对到货日期的要求）向运输企业托运，组织货物始发装运，联运经营人（联运办公室）负责选择运输工具和安排运输线路。

⑤在不同运输工具的衔接点办理货物中转业务。

⑥办理货物到达票据手续和到达杂费结算。

⑦联运经营人（联运办公室）根据货主（收货人）指定的时间、地点派车或由货主亲自取货。

四、交通运输优化理论

（一）交通运输优化理论概述

交通运输优化也叫作交通运输合理化，是指在一定的条件下以最小的运输运作成本而获得最大的效率和效益。具体而言，交通运输合理化是指按照商品流通规律、交通运输条件、货物合理流向、市场供需情况，走最少的路程，经最少的环节，用最少的运力，花最少的费用，以最短的时间把货物从生产地运到消费地。

（二）交通运输优化的影响因素

影响交通运输优化的决定性因素包括以下五个：

①运输距离；

②运输环节；

③运输工具；

④运输时间；

⑤运输费用。

五、交通运输方式的选择

（一）影响运输方式选择的因素

选择运输方式的判断标准主要包括如下一些要素：货物的性质、运输时间、交货时间的适应性、运输成本、批量的适应性、运输的机动性和便利性、运输的安全性和准确性等。上述各种选择要素中，主要考虑以下五个方面的要素：

① 运输价格；
② 运输时间；
③ 货物种类；
④ 运输量；
⑤ 运距方面。

（二）运输方式的选择方法

运输方式的选择包括单一运输方式的选择和联运的选择。在选择时，可以根据运输环境、运输服务的目标以及其他多方面的要求进行选择，本书主要介绍综合评价选择法。

交通运输系统的目标是实现货物迅速安全和低成本的运输。然而，运输的速度性、准确性、安全性和经济性之间是相互制约的。若重视运输速度、准确、安全，则运输成本就会增大；反之，若运输成本降低，则运输的其他目标就可能难以全面实现。因此，在选择运输方式时，应综合考虑运输的各种目标要求，采用诸如因素分析法、权重分析法、层次分析法等进行综合评价选择。以权重分析法为例，综合评价选择法的基本步骤如下：

① 确定可供选择的运输方式集 j，$j = 1, 2, 3, \cdots, m$。
② 确定运输方式选择的评价因素集 $F_i(i = 1, 2, 3, \cdots, n)$。
③ 定量化各种备选运输方式下各评价因素值 F_{ij}。
④ 根据各评价因素对运输方式选择所起的作用，对评价因素赋予不同的权数 W_j。对各评价因素权数大小的确定，目前尚无绝对的方法。一般来讲，W_j 是结合货物本身的特征，并尽量吸收实际工作者或者有关专家的

意见进行确定。

⑤确定每种运输方式的综合评价值,并以其最大者为选择对象。综合评价值 V_j 按以下公式确定:

$$V_j = \sum_{i=1}^{n} W_j F_{ij}$$

六、交通运输线路的选择

在组织运输工具完成货物的运送工作时,通常存在多种可供选择的运输线路。运输工具按不同的运输线路完成同样的运送任务时,由于运输工具的利用情况不同,相应的运输效率和运输成本也会不同。因此,选择时间短、费用省、效益好的运输线路是运输企业管理的一项重要内容。

(一)运输线路的种类

1. 往复式运输线路

往复式运输线路是指在货物运送过程中运输工具在两个货运地点之间往返运行的线路形式。根据运输的载运情况,又可分为单程有载往复式、回程部分有载往复式、双程有载往复式。

2. 环形运输线路

环形运输线路是指运输工具在由若干个装卸作业地点组成的封闭回路上,做连续单向运行的线路形式。由于不同运送任务装卸作业地点分布不同,环形线路可能有不同的形式,如简单式、交叉式或三角形式、复合式或环形式。

3. 汇集式运输线路。

汇集式运输线路是指运输工具沿运输线路上各货运地点依次进行装(卸)货,并且每次货物装(卸)量均小于该运输工具的额定载货量,直到整个运输工具装满(卸空)后返回出发点的线路。

(二)运输线路选择的原则

运输线路合理与否对运输速度、车辆的合理利用和运输费用都有直接的影响,运输线路的选择首先应确定线路选择的目标。目标的选择是根据物流运输的具体要求、承运人的实力及客观条件来确定的,通常情况下可以有以下目标：

①以效益最高为目标，计算时求利润的最大化。

②以成本最低为目标，实际上也是效益最高。

③以路程最短为目标，这在成本与路程相关性较强的时候，以路程为目标较好。

④以吨千米为目标。

⑤以服务指标的准确性最高为目标。

⑥以运力利用最合理、劳动消耗最低为目标。

目标的实现过程受很多条件的影响，即约束条件，因而必须在满足约束条件下取得成本最低或线路最短等目标。在一般情况下，常见的约束条件有以下几项：

①满足所有收货人对货物品种、规格、数量的要求。

②满足收货人对货物送达时间范围的要求。

③在允许通过的时间段内进行运送。

④各运送路线的货物量不得超过车辆容积和载重量的限制。

⑤在承运单位现有的运力允许范围内。

第三节 交通运输企业计划与调度管理

一、交通运输计划管理

（一）交通运输计划管理的概述

1. 交通运输组织计划的含义及类型

交通运输组织计划也叫作货运生产计划，是运输企业在计划期内对所运输的货物数量、流向和主要技术经济指标，以及运力的提供和调配，其基本上由货物运输计划（运量计划）、运力计划（运输工具计划）和运量与运力平衡后制定的运输工具作业计划三部分组成。

交通运输计划管理的作用

运输计划是运输企业组织运输活动的重要依据,在运输经营管理工作中有着十分重要的作用,主要表现在以下几个方面:

①满足市场对运输服务的需要。

②编制企业经营目标的依据。

③组织运输活动的依据。

2. 交通运输生产计划编制依据和原则

(1) 交通运输组织计划编制的依据

①物质技术基础。

②国家宏观目标和企业发展总体战略目标。

③上期计划预计完成情况。

④各项技术经济定额。

(2) 交通运输组织计划编制的原则

①积极可靠,留有富余的原则。

②保证重点,照顾一般的原则。

③综合平衡的原则。

(二) 交通运输技术经济指标

1. 交通运输技术经济指标概述

(1) 交通运输技术经济指标的概念

交通运输技术经济指标是全面、集中、概括地反映运输企业经营管理工作的数量和质量,反映运输业完成国家运输任务,满足运输需求,以及反映运输业社会经济效果和运输业本身经济效果的各种指标的总称。

(2) 交通运输技术经济指标的分类

交通运输技术经济指标可以有多种分类,按指标的作用可以分为统计指标、计划指标和考核指标;按指标的数值形态可分为数量指标和质量指标;按指标反映的工作内容可分为运输生产成果指标、营运指标、消耗指标、质量安全指标、劳动工资指标、财务成本指标等。

2. 交通运输技术经济指标之间的关系

交通运输技术经济指标是相互联系、相互制约、相互依存的。在经济技术指标中，产量是基础，质量是关键，效率是根本，利润是结果。产量（换算周转量）是计算效率、成本、燃料、消耗、劳动生产率的依据，也是计算流动资金和利润的间接依据。质量是保证合格产量的关键，没有质量就没有数量。提高运输效率是增加产量、降低成本、提高全员劳动生产率的根本措施；效率提高就能取得增加产量、降低成本的经济效果。利润是产量、质量、消耗、成本、资金的综合反映，是企业经营管理的最终结果。因此，我们一方面应全面地看待主要经济技术指标，加强综合平衡，不能有所偏废；另一方面应该建立主要指标的分工负责制。

3.运输工具与设备运用效率指标

衡量运输工具、装卸设备等运用效率的指标主要有五类单项指标，即时间利用指标、行程利用指标、速度利用指标、载重能力利用指标以及动力利用指标。以下将对每项指标的具体含义进行分析：

（1）时间利用指标

①数量指标。运输企业在册运营的运载工具（列车、船舶、汽车、飞机）及其配套设备（装卸设备和场站设施），在不同的时期内可能处于不同的状态，如处于可用于运输的完好状态、维修或者待报废状态、处于正在运输状态、处于闲置或等待任务状态等，因此，所有的运输方式都采取复合指标，即以运输工具、设备（数量和吨位）与时间的乘积作为评价运输工具、设备等利用程度以及统计运输工具、设备等工作状态的基本计量单位，并建立若干表征时间利用数量的指标。

②质量指标。第一，完好率。完好率是用来表示运输工具、设备可以用于运输、装卸工作的最大可能性，它是反映运输工具、设备技术状况、技术管理和保修水平的指标。完好率的反指标是修理率。公路运输中的完好率指的是完好车日在总车日中所占的百分比，修理率是指非完好车日在总车日中所占的百分比。第二，工作率。公路运输中的工作率是指全部营运车辆的工作车日占总车日的百分比。

水路运输中的工作率指标包含航行率、重航率、平均航次周转期。

铁路运输中工作率指标包括货物周转时间、机车全周转时间等指标。

航空运输中的工作率指标包括平均每机飞行小时、飞机利用率、平均每机日生产飞行小时。

(2) 行程利用指标

行程利用指标在公路运输和铁路运输中运用得比较普遍，以下分别对两种运输方式在行程利用指标下的子指标进行介绍。

①公路运输。总车千米，也叫作总行程，是指车辆在实际工作中所行驶的总里程数，单位为千米。里程利用率，也叫作行程利用率，是指重车千米在总车千米中所占的比例。

②铁路运输。铁路运输中的行程利用指标主要包含六个子指标，分别如下：

A. 车辆走行千米，是指车辆在不同状态下所行走的千米数，它是根据司机报单记载的列车在运行中所发生的车辆千米数汇总计算。

B. 空车走行率，简称空率，是指空车走行千米对重车走行千米或运用车走行千米的比率，一般按百分比表示。

C. 机车走行千米是指机车运行的千米数，每一台机车运行一千米即为一机车千米。

D. 货车平均全周转距离，简称全周距，是指货车在一次周转中平均运行的距离，分为全路周转距离和铁路（分局）周转距离。

E. 货车平均中转距离，简称中距，是指货车每中转一次平均行走的距离。

F. 机车平均周转距离，是指在一定时期内机车每周转一次平均走行的千米数，单位为千米/台次。

(3) 速度利用指标

速度利用指标一般包括技术速度指标、营运速度、运送速度、平均车日行程和平均日车千米。

①技术速度指标在公路和铁路运输中使用，是指汽车或铁路机车（列车）在纯运行时间内平均每小时所行驶的里程，单位为千米/小时。

②营运速度是指运输工具在运行（航行、飞行）时间内，平均每小时的

行程里程，单位为千米/小时，等于总行程和运行（航行、飞行）时间之比。

③运送速度，主要用于公路运输和铁路运输之中，是指运输工具在客货运送时间内的平均速度，用以表示客货运送的快慢。

④平均车日行程是指汽车车辆在报告期内平均每一个工作车日所行驶的里程，计算单位为"千米/车日"。该指标是以车日为时间单位计算的。

⑤平均日车千米又称货车日车千米，是指每一运用货车每日平均走行千米数，计算单位为"千米/台日"。

（4）载重能力利用指标

载重能力利用指标包括平均静载重、静载重（量）利用率、平均动载重（量）等指标。

①平均静载重。平均静载重也称为平均静载量，是指运输工具在静止状态下平均每辆运输工具所装载货物的数量。该指标在公路和铁路中常用。

②静载重（量）利用率。静载重（量）利用率在公路运输中称为静载量利用率、静载量利用系数；在铁路运输中称为货车载重力利用率；在水路中称为发航负载率；在航空运输中称为航站始发载运比率。虽然称呼存在差异，但是它们都是指运输工具的实际载运量（发运量）与运输工具的额定（标记）载运能力之比，或者运输工具平均静载重与平均额定（标记）载运能力之比。

③平均动载重（量）。平均动载重（量）是指运输工具在运行状态下，平均每一运输工具所完成的货物运输吨千米。它是以运输工具运输距离为权重的平均静载重（量）的加权平均数。

（5）动力（牵引）能力利用指标

在公路运输中采用拖运率指标以表明汽车动力利用程度，在铁路运输中采用列车平均总量、列车平均载重、列车平均编成数、机车辅助走行率、单机走行率、重联机车走行率。

①拖运率。拖运率是指汽车挂车完成的周转量占汽车主车、挂车完成的换算周转量之和的比例。

②列车平均总量。列车平均总量也叫作机车平均牵引总量，它是指一定

时期内每一列车的平均总重量，即每一台本务机车平均牵引的总重吨数。

③列车平均载重。列车平均载重也称为机车平均牵引载重，它是指一定时期内每一列车的平均载重量，即一台本务机车平均牵引的货物吨数。

④列车平均编成数。列车平均编成数也称为列车平均组成辆数，它原来指的是平均每一本务机车走行千米所产生的车辆千米数，通常视为每一列车平均组成的车辆数。

⑤机车辅助走行率。机车辅助走行率也称为机车辅助工作率，是指在一定时期内机车辅助走行千米占机车总走行千米（或本务机车走行千米）的比例，以反映机车完成的辅助工作情况。

⑥单机走行率。单机走行率简称单机率，是指在一定时期内单机走行千米占本务机车走行千米的比例，以反映机车牵引能力利用程度的指标。

⑦重联机车走行率。重联机车走行率简称重联率，是指在一定时期内重联机车走行千米占本务机车走行千米的比例，是反映机车牵引能力利用程度的指标。

二、交通运输调度管理

（一）交通运输调度管理概述

1. 调度管理的概念

运输调度就是运输企业调度部门为了保证运输作业计划实现而进行的一系列检查和督促、联系和协调、指挥和部署等工作的总称。运输企业的调度机构一方面要安排本企业的运输设备合理运行，即根据运输生产计划制订作业计划，并具体根据各个部门职能协调各个部门工作；另一方面调度机构要与交通管制机构进行密切的协作与配合才能使整个交通有序进行。

2. 调度工作的作用

调度工作的主要作用是根据运输生产计划，对运输生产经营活动进行连续的组织、指挥、衔接、协调和平衡，在安全优质的基础上保证生产作业计划的完成。

就运输企业而言，其生产活动是围绕着运输工具的运行而进行的，为了完成计划规定的运输任务，运输企业在实现整个运输生产的活动中，必须进行一系列的运输日常工作组织，其中最核心的部分就是调度工作。就港站企业而言，其生产活动是以港站的运输工具和货物为中心，以昼夜生产作业计划为依据，把生产中的各部门、各环节有机地联系起来，进行有节奏的连续生产。

3. 调度工作的内容

具体而言，它的工作任务包括四个方面：

①组织与计划运输生产；

②监督港站作业以保证安全运行；

③及时协调各环节作业；

④统计分析业务活动。

4. 调度工作的基本要求

调度工作的要求有以下几个方面：

①政策性；

②预见性；

③计划性；

④机动性；

⑤集中性；

⑥及时性；

⑦经常性；

⑧全面性。

(二) 交通运输调度管理机构

1. 调度管理的基本制度

为了保证调度工作及时、准确、无误，并充分发挥组织、指挥生产，检查、调节、控制生产的职能作用，各级调度机构都应建立健全工作制度。运输企业调度管理的基本制度包括以下方面：

①值班制度；

②会议制度；

③调度汇报制度；

④调度日志；

⑤调度通信规程；

⑥调度工作规程；

⑦调度命令；

⑧调度统计与分析。

2. 调度管理体制

各种运输方式下的调度工作均实行分级管理制度。各级调度机构都必须在上级调度的统一指挥下进行工作。

(1) 水路运输

我国目前水路运输管理机构主要分四级：国家交通部、省级交通厅、市级交通局和县级交通主管单位，行使水路运输行政管理权。

各港航企业设置的调度部门为企业级调度。运输企业调度机构的设置应与港航企业管理机构设置相一致。大型港口企业一般采用两级调度制，即局和公司两级制度体制；中小型港航企业一般采用一级调度制。

(2) 公路运输

一般大型道路运输企业采用三级调度管理体制，即运输公司设一级调度机构，其总调度室是道路运输公司的最高指挥机构，负责各分公司、中心站的运力、运量平衡和运输安排；各分公司或中心站设二级调度机构，主要负责执行公司平衡会议决议，综合分公司或中心站的运力平衡；各站、车队设三级调度机构。

中小型道路运输企业，则多采用两级调度管理体制。对于货源较集中的大型厂矿企业和港站、仓库，可设置现场调度组（员）。

(3) 铁路运输

我国铁路系统实行交通运输部、国家铁路局、地方铁路监督管理局三级监督管理体制。中国铁路总公司代替原铁道部企业职责。

国家铁路局由交通运输部直接管理；地方铁路监督管理局负责监督管理铁路运输安全、质量和安全事故，统计并分析铁路运输各项指标参数等。

（4）航空运输

我国航空运输调度系统实行中国民用航空局，地区管理局，省（直辖市、自治区）管理和航空站四级管理体制。一般大的航空公司在公司总部所在机场设立总飞行调度室（签派室），在地区和主要业务机场设立地区签派室或机场签派室。总签派室负责整个航空公司的签派工作，地区和机场签派室负责管理各自区域的签派工作。

3. 调度工作人员及分工

不同运输方式下调度人员的构成与称谓有所不同。

（1）业务计划人员

业务计划人员是运输生产的具体组织者和策划者，其主要职责是论证运输工具运行或组织装卸搬运机械的最优方案，编制生产作业计划（调度计划），经常与有关港站、相关部门联系，掌握生产进度，了解生产中各方面的情况。

（2）值班调度人员

值班调度人员负责昼夜不间断地监督载运机具按计划执行的情况，贯彻调度会议的有关决议和上级指示，及时收发有关的通信信息，全面掌握载运机具动态及事故的预防和处理，填写各种调度文件等。

（3）业务核算与分析人员

业务核算与分析人员负责运输生产的快速统计，逐日统计客货及重点物资的运出量、完成量和周转量等，并定时向上级报告计划的执行情况。

（三）交通运输生产作业计划及其调整

1. 生产作业计划概述

生产作业计划是运输生产计划的延续，它是有计划地、均衡地组织企业日常运输生产活动，建立正常运输生产秩序的重要手段。

生产作业计划的重要任务：一方面，把企业运输工具、场站以及有关职能科室有机地组织起来，协调一致地展开工作；另一方面，力求不断提高运输效率，保证企业按时均衡地完成运输任务，全面地完成各项技术经济指标。

2. 作业计划的种类

（1）公路运输企业

公路运输企业车辆运行作业计划有不同的形式，可以分为几个类型：

①长期运行作业计划；

②短期运行作业计划；

③日运行作业计划；

④运次运行作业计划。

（2）水路运输企业

水路运输企业航船作业计划包括船舶旬度作业计划和船舶日作业计划。船舶旬度作业计划是对旬度货流计划和旬度船舶运行组织进行细致具体安排；船舶日作业计划是根据船舶动态，明确到发港的船名、到港时间、载货量、货物种类等信息，并将上述信息通知相关的目的港或者始发港。

（3）铁路运输企业

铁路运输企业作业计划是包括调度部门所编制的运输工作旬、日、班计划和车站编制的车站作业计划两部分在内的铁路日常工作计划。运输工作旬、日、班计划内容包括该时期内的装卸车计划、车辆交接、列车计划，是有关部门完成运输任务的依据。

3. 生产作业计划的调整

（1）生产作业计划调整的概念

因为运输生产所处的环境复杂，影响因素多且常常变化，已经编制好的货运生产作业计划在执行过程中，可能会随着环境的变化或者相关条件的变更使得计划不适于当前的生产过程或者执行计划已经不合理，需要对原先的计划进行及时的变更，这样的变更就叫作生产作业计划的调整。

（2）生产作业计划调整分类

①预防性调整。

②应变性调整。

4. 生产作业计划调整的原则

为了保证各种运输工具的合理分布和运输线路的相对稳定，生产作业计划的调整工作必须依据一定的原则。一般情况下，可以遵循以下几个基本的原则：

①宁打乱少数计划，不打乱多数计划。

②宁打乱局部计划，不打乱整体计划。

③宁打乱次要环节，不打乱主要环节。

④宁打乱当日计划，不打乱日后计划。

⑤宁打乱小吨位载运工具计划，不打乱大吨位载运工具计划。

⑥宁打可缓运货物运输计划，不打乱急运货物的计划。

⑦宁打乱整车货物运输计划，不打乱零担货物运输计划。

⑧宁打乱货物运输计划，不打乱旅客运输计划。

⑨宁打乱长途计划，不打乱短途计划。

⑩宁使本企业工作受影响，不使社会生产、生活受影响。

5. 生产作业计划调整的内容及方法

生产作业计划的调整对象包括载运工具、港站、货物三个方面。调整内容和方法多种多样，主要可概括为载运工具在港站作业额调整、运行作业调整和在港站密度调整。本书以海上货物运输为例，对生产作业计划调整的方法做简单介绍。

①当船舶上一个航次没有能按照计划时间完成时，为了使下一个航次能按计划进行，要采取相关的有效措施。比如：

A. 集中装卸机械和人力，组织多路作业。

B. 合并某些作业环节。

C. 调换货种。

D. 对驳船队请港口协助编队，缩短编队时间。

②有时出现货源中断或者机械故障，或者因为天气或者港口条件原因使船舶不能按计划作业时，需要进行计划调整方案的变更，一般有两种方案：

A. 船舶等待装（卸）货，满载（卸空）后开航。

B. 船舶未达到满载（空载）条件就立即开航。

③船舶运行作业调整。

如果船舶或拖（推）船已经因为某些原因而延误，一般采用提高船舶或者船队的航速，变更拖（推）船地点，在航行中加减驳船、另派拖（推）船至途中接送驳船等方法进行调整。

④船舶在港密度调整。

控制船舶在港密度也是船舶作业调整工作的重要内容。调整船舶在港密度的方法有：

A. 提高船舶（船队）航速，一般可以适当提高或降低船舶（船队）航速来缩短或延长船舶在途运输时间，从而减少或者延长航次时间。

B. 变更拖（推）地点，改变船舶靠泊、装卸的地点，从而改变船舶作业的条件。

C. 在航行中加减驳船、另派拖（推）船至途中接送驳船等。

以上提到的调整办法，有时只需采取一种方法即可使计划恢复正常，有时要同时采用几种方法，这些方法需要企业各部门和港站企业的配合。这些方法一般只能适应于局部线路，需要我们运用通信技术、计算机、互联网等现代技术和调度控制中心进行紧密协作，及时进行信息反馈和指令发布。

第六章　交通运输的可持续发展

第一节　交通运输可持续发展概述

一、概述

作为国民经济的基础产业，交通运输业的发展将对可持续发展产生非常重要的影响。一方面，交通运输业的发展有利于国民经济的成长；另一方面，交通运输业的发展将占用一定的资源，排放一定的污染，从而影响资源供给的可持续性和环境的质量。从可持续发展的需要出发，我国的运输总量和运输结构必须发生变化。

交通运输业具有建设周期和运行寿命长，产业关联性强等特性。一些项目的建设和运营，关系着国民经济的长远发展，关系着国家的经济安全和军事安全。因此，必须制定国家的交通运输战略。这一战略必须体现交通运输业将向一体化、综合化、系统化方向发展的要求，必须明确政府、市场、企业在交通运输业发展方面的作用与分工，必须体现服务产业不断对外开放的时代特征。

在全世界已普遍认识到可持续发展与社会发展的时代，我们也必须更新观念来研究我国的交通运输发展战略。这一观念的更新包括两方面：一是交通运输所促进的发展是可持续的经济与社会发展，我们需要更新发展的概念，即在考虑交通运输发展战略时，要克服交通运输业发展过程中可能产生的环境问题及社会问题。二是交通运输业本身的发展应是可持续的，即在交通运输业的发展研究中,要考虑其持续的竞争力。不仅交通运输基础设施的建设与维护需要政府的大量开支,交通业还带来沉重的社会费用,如噪声、空气污染、能源与自然资源的消耗形成了沉重的环境负担。运输业排放的二氧化碳(CO_2)会产生温室效应,而道路运输所产生的CO_2,排放量占了交通运输业排放总量的80%以上,一氧化氮(NO)排放量占了总量的60%。干线电气化铁路电磁辐射干扰强度的增加;清洗装载工具和燃料的泄漏对水体的污染,装载工具中的各种化学物品、有毒物质的残留、废弃物和旅客抛弃的垃圾及排出的粪便等对当地和沿途的污染;交通基础设施建设过程中的污染性和非污染性(如对水循环、生物链的影响)破坏。几乎所有机动化运输都对环境有不良影响,但轨道交通、内河航运,较公路运输有较小的环境影响。分析交通运输对环境的影响时,需要区别不同的运输方式,也需要区别客运与货运,在此基础上对交通运输做综合的环境影响考虑。国际经验的启示和我们对交通运输与可持续发展的认识,是我们研究交通运输可持续发展的基本出发点。

二、交通运输可持续发展的含义

(一)可持续发展的概念

可持续发展是指既满足现代人的需求又不损害后代人满足需求的能力。换句话说,就是指经济、社会、资源和环境保护协调发展,它们是一个密不可分的系统,既要达到发展经济的目的,又要保护好人类赖以生存的大气、淡水、海洋等资源。可持续发展的内涵如下。

第一,人类追求健康而富有生产成果的生活权利,应当是和坚持与自然相和谐方式的统一,而不应当凭着人们手中的技术和投资,采取耗竭资源、破坏生态和污染环境的方式来追求这种发展权利的实现。

第二,当代人在创造与追求今世发展与消费的时候,应当承认并努力做到使自己的机会与后代人的机会相平等,不能一味地、片面地、自私地为了追求自身的发展与消费,而毫不留情地剥夺了后代人本应合理享有的同等的发展与消费的机会。

(二) 交通运输可持续发展的内涵

交通运输是社会经济发展的基础，是国民经济得以向前发展的保障。按照当前的普遍认识，可持续发展是指既能满足当代人的需求，又不危及后代人满足其需求的发展，它包含经济可持续性、社会可持续性和环境可持续性。由于在社会与环境可持续性方向都必须考虑成本有效的措施，因此交通运输业的经济可持续性是可持续交通发展的核心。可持续交通运输要求全面地进行规划，制定能够取得多个目标的战略，使之不仅要优化利用各种运输方式，还要满足社会经济的发展和人们生活质量提高的需要，同时适当保护和利用自然资源。

交通运输系统作为社会经济系统的一个子系统，它的发展是社会经济可持续发展的一个重要组成部分。综观交通运输与社会经济发展的历史关系，可以说，没有交通运输的发展，就谈不上社会经济的发展；社会经济要实现可持续发展，如果没有一个相应的可持续的交通运输系统支持，社会经济的可持续发展也同样无法实现。因此，为适应社会经济可持续发展的需要，交通运输必须采取可持续发展战略，也就是要求改变传统交通运输发展模式的资源和环境特性，推进交通运输的可持续发展。

根据可持续发展的基本内涵，可将交通运输的可持续发展定义为：交通运输业的发展既要满足当代人的需求，又不危及后代人满足其对交通运输需求的发展。在交通运输发展中，不仅要考虑交通运输本身的经济效果，更重要的是要充分考虑运输的外部正效应与负效应，不仅要考虑交通运输对当代（或近期）整个社会经济系统资源配置的影响，还要考虑到对动态资源合理配置的影响。

可持续交通运输应该包含三个方面的内容：第一，经济与财务可持续性，是指交通运输必须保证能够支撑不断改善的物质生活水平，即提供较经济的运输并使之满足不断变化的需求；第二，环境与生态的可持续性，是指交通运输不仅要满足人流与物流增加的需要，还要最大限度地改善整个运输质量和生活质量；第三，社会可持续性，交通运输产生的利益应该在社会的所有成员间公平分享。可见，可持续运输不但考虑了运输本身的经济效果，还考虑了运输的外部效用；同时，可持续运输引入了时间观念，不仅考虑运输对当代整个社会的经济系统资源配置的影响，还从动态角度考虑到对资源合理配置的影响。

可持续的交通运输有其鲜明的特点：在生产上，把生产成本与其造成的环境后果同时加以考虑；在谋求社会发展上，把社会的进步确定为第一及最终目标，节约使用各种资源，使有限的资源支持更大的运输需求；在运输增长方式上，寻求其增长模式从数量型向质量型转变，尽量减少每单位运输经济活动造成的环境压力；在生产目标上，从单纯以生产的高速增长为目标转向以谋求综合平衡条件下的可持续发展为目标。

（三）交通运输可持续发展必须遵循的原则

要实现交通运输的可持续发展，一方面，交通运输的发展必须与我国的经济社会发展需求和资源环境容量相适应；另一方面，必须为我国经济社会的持续、健康、快速发展奠定物质基础。在这一总体思想下，我国交通运输的发展应当遵循以下原则。

1. 有利于经济发展的原则

交通运输是经济发展的必要前提。发展交通运输，有利于资源的优化配置和统一市场的形成。促进商品和服务的流通，提高我国参与国际贸易和国际分工的能力；有利于降低生产成本，且能带动相关行业的发展、改善投资环境、吸引外资、增加就业机会等。我国经历几十年的快速增长后，支持增长的条件依然存在，我国仍能保持适度高速的发展，这就需要交通运输能力有一个较大的提高。同时，交通运输基础设施建设是扩大内需、启动市场的一条重要途径，更能为中长期发展提供基础。

2. 以人为本原则

经济发展的目的是满足人们日益增长的物质文化需要。交通运输领域以人为本就意味着，发展交通运输应以人民的基本利益为重，为公众提供安全、公平、多样化、高质量的服务，以满足他们的各种需要，提高他们的生活质量，使得每个人都能够从发展中获益；以人为本还意味着，应充分注意人力资源开发，加强教育与培训，尊重并充分发挥人的积极性和创造性，动员公众参与到可持续交通运输发展战略和规划的决策和实施过程中来,并协助监督可持续发展的进程,尽可能地避免并及时纠正人为的错误。

3. 社会公平的原则

社会公平包括发展机会均等、地区间及不同代人之间的公平等,交通运输的发展要将为人们创造平等的发展机会放在重要位置。缩小地区差别是公平性的一个重要方面。我国由于区位、地理、气候等自然条件,以及人文、历史条件差异,各地的发展条件不同,发展基础不同,发展的速度不同,从而形成了区域间发展的不平衡以及收入的差距。交通运输的发展要有利于改善一些地区的投资环境,改变落后面貌,从而实现发展机会在时间(当代人和未来人之间)和空间(不同地区、不同收入阶层之间)的公平,实现共同富裕。

4. 提高整体竞争力的原则

交通运输对每一种商品生产都是一种投入,如果交通运输费用高,商品价格就会提高,商品就会失去竞争力。国际经验表明,尽可能完备和实用的基础设施是决定一国参与国际竞争的能力的关键因素。因此,交通运输的发展要有利于降低成本,增强制造业的竞争力,并在整体上提高国家的竞争力。提高交通运输效率是提高竞争力的一个重要途径。一是要缩短人员、物品在交通中所耗费的时间;二是优化配置各种交通运输资源,提高资源的利用效率;三是要加强管理,提高服务质量。加强交通运输体系的管理,特别是规范各种交通运输税费的征收,是当前提高经济整体竞争力的另一个重要途径。

5. 资源利用最优化的原则

交通运输是对自然资源依赖度较高的产业之一,交通基础设施需要占用大量土地,交通运输工具要消耗大量能源。各种交通工具对资源的占用是不相同的。我国的资源人均占有量很低,资源节约应成为交通运输发展的基本原则。

6. 环境友好的原则

交通运输是人类环境的重要污染源之一。交通运输业的发展应遵循在等运量前提下产生的污染负荷最小、对生态造成的损失最低的环境友好原则，大力提倡大气污染小、噪声污染低、生态破坏小、使用清洁能源的"绿色"交通运输方式，这样才能保障和支撑国家和人类的可持续发展。

7. 保障国家安全的原则

可持续发展的前提之一是国家安全，这是《环境与发展里约宣言》的原则之一，即保障国家主权完整和领土不受侵犯。国家安全包括国防安全、经济安全、社会安全、环境安全等方面。因此，交通运输体系的构建应立足于平时的经济建设，但应当与通信等设施建设相互配套，以防在外部入侵或内部洪涝、地震等灾害事件突发时，有利于信息的传递，救援部队的派遣，应急物资的运输，被困人员的疏散等，以保证国家和人民生命财产安全。

8. 系统最优的原则

交通运输体系的构建是一个系统工程，应根据系统最优的原理，进行各种交通运输方式的优化配置，单一交通运输方式内部的合理布局，兼顾社会效益和经济效益的统一，国家利益、地方利益和部门利益的统一。各种交通运输方式之间既竞争又互补，要发挥各自的优势，综合集成，达到系统最优。具体地说，一是要在铁路、公路、航空、管道、水运这五种交通运输方式之间进行合理配置和优化；二是在单种运输方式内部进行合理布局，优化线路的空间布局，避免和克服运力过剩和运力严重不足同时并存的弊端；三是要不断创新，依靠科技进步，开发对环境无害的交通运输工具，提高交通运输中的科学技术水平；四是要实现社会效益和经济效益的统一，国家对那些社会性、公益性的交通运输项目，对国土开发型的、用于国际目的的和用于扶贫目的的铁路、公路或水路等交通运输基础设施项目的建设，要统筹规划，优化管理，超前建设，构建管理科学、竞争有序、优势互补的综合交通运输体系。

三、交通运输对我国可持续发展的战略影响

交通运输作为一个国家经济发展的必要前提，其可持续发展的能力直接影响着经济持续稳定健康的发展。一方面，只有建立发达的交通运输网络，才能有效推动市场经济发展；另一方面，随着经济的增长，运输量的扩大，交通运输的社会成本越来越高，给资源、环境带来的压力已到了不可忽视的地步，影响到人们的生活质量。简言之，交通运输对国民经济发展既具有基础性的作用，又必然对资源和环境带来巨大的压力。

（一）交通运输的发展为我国的经济发展奠定了基础

第一，交通运输的发展满足了我国劳动力资源转移的需要。随着改革开放的不断深入，城镇化和机动化进程的加快，人们的观念发生了很大变化，人口在空间位置上的转移明显增加。一方面，表现为落后地区的剩余劳动力向发达地区转移；另一方面，落后地区的资源优势和开发潜力又吸引了大量高素质的各类专业技术人员和经商人员。这对于吸收农村剩余劳动力，改善人口分布状况和提高落后地区人口素质，缩小不同地区间人们物质生活水平的差距，将起到重要的作用。改革开放以来，我国交通运输的发展满足了人口转移的需求。进一步加强交通运输基础设施的建设，形成合理的运输网络布局和各种运输方式的协调发展，将对人口的有序移动产生积极的作用。

第二，交通运输的发展满足了商品和信息流通的需要。在商品经济社会，交通运输是人类赖以生存和发展的基础条件之一。交通运输将社会生产、分配、交换和消费等各个环节有机地联系起来，使人类的经济社会活动得以正常进行，为协调发展提供基础。交通运输的发展疏通和拓宽了流通领域，减少了商品流通的阻碍和迂回，缩短了商品流通的时间，满足了人们对于商品的不同层次的需求。例如，在商品满足了城市居民的需求后，组织这些商品下乡，不仅可以提高商品的利用效率，减少商品的库存，还有利于节约自然资源和资本的消耗，从而实现资源的可持续利用。

第三，交通运输的发展改变了区域发展的不平衡。由于自然条件和其他种种原因，我国区域发展存在绝对差距扩大的问题，要缩小地区间发展水平的差距，改变有些地区的落后面貌，发展交通运输是一条重要的途径，有利于从根本上解决好区域经济发展的不平衡，在时间和空间上实现发展的公平性，共同走向富裕。

第四，交通运输的发展促进了生产力的合理布局。交通运输体系的布局与发展，对我国生产力布局和区域协调发展具有重要的有时甚至是关键性的作用。在总体上看，我国生产力的布局应有利于促进产业结构与空间结构的协调，实现东西互补、南北联动的区域经济协调发展格局的形成。高效的综合运输网络体系，可以促进自然资源的合理开发和利用，保障生产力布局战略目标的实现。交通运输的发展可以有效解决自然资源、劳动力、生产设施等生产要素相分离的矛盾，因而开辟了国土开发、城乡联系、产业联系以及地区之间交流的途径。

第五，交通运输的发展促进了产业结构的调整和升级。交通运输作为经济全球化的最初推动力之一，促进了国际的合作与交流，从而带动发展中国家的产业结构的升级。产业结构的变化，必然导致经济结构、生产结构和产品结构等的深刻变化。这些变化的发生，反映了经济发展的客观规律性，也是我国经济逐步摆脱过去传统的单纯依靠增加资源消耗实现经济增长，转向依靠科技进步和合理有效利用资源而实现经济增长，即实施可持续发展，实现经济增长方式的根本转变。交通运输在我国产业结构调整中扮演着重要角色。在由铁路、公路、水运、民航和管道等运输方式组成的综合运输系统内部，必须作出适应产业结构变化的运输结构的调整，特别是高效、快速的交通运输，以适应加快高科技产品的流动，降低工农业产品流通及消费成本，满足人员流动数量和质量的要求。

（二）交通运输对资源的占用

交通运输的存在与发展都是依托于土地的占用和能源与各种材料的利用上。交通运输对资源的占用包括两个方面：一是交通运输工具及基础设施的建设需要消耗大量的自然资源和原材料，特别是不可再生的资源；二是交通运输消耗的能源，特别是石油产品占其生产量的较大部分。交通运输中使用的资源主要有土地、水资源，木材、钢材、水泥等建筑材料，以及石油产品等能源。

1. 对土地的占用

不同类型的交通运输方式对土地资源的占用是不同的，公路和铁路交通运输是占用土地较多的交通运输方式，而航空、水运和管道运输占用土地较少，在完成相等的换算周转量条件下，公路占地是铁路的 3.7～13.6 倍。因此，比起公路基础设施来，铁路基础设施占用的土地较少。而城市轨道交通因大部分为地下或高架线路，所占用的土地资源更少。

2. 对能源的消耗

交通运输业是能源消耗的大户。各种运输方式消耗能量所占的比重不同，按换算周转量表示的能耗强度相差则更为明显。交通运输对能源需求的品种主要是石油及其产品，也有消耗煤及其他类型能源的，如电、天然气等，但所占比例较少。因此，从能源可供给量及消费增长的趋势看，发展低能耗的交通运输方式，即发展铁路、管道运输和水运，适当发展航空运输，减缓能源消费增长的势头，提高能源的利用效率等，应成为我国综合交通运输发展战略选择的一个重要内容。

3. 对建筑材料和其他资源的消费

各种运输工具，以及铁路、公路、码头、机场、管道等交通运输基础设施的建设，需要大量的原材料，如钢铁、水泥、沥青及化工、电子元件、通信器材等材料或产品。汽车是许多国家的支柱产业，它在带动冶金、电子、化工、机械等行业发展的同时，消耗了大量的原材料，仅钢铁一项，每千辆小轿车平均重量达 600～800 t。交通运输消耗的建造材料，需要开采大量矿产资源供给，对资源的探明储量造成巨大压力。

4. 交通运输对水资源的利用

水资源也是交通运输业发展的基础资源，水资源的分布限制了石油、煤炭等基础资源的开发，从而对交通运输业的发展造成了巨大影响。其次，交通运输业的附属部门的发展以及运输过程中人们对水的需求必不可少。在交通运输业的可持续发展中，应更加注重避免和减少对水的污染，并加强对污染的治理。

5. 劳动力资源消耗

劳动生产率水平最高的是水运，其次是管道、铁路、公路和民航。由于交通运输的特点是使物和人产生位移，并未创造新的价值，而在创造位移的过程中均消耗了大量人力、物力和财力。因此，如何降低生产成本，提高劳动生产率，是交通运输领域合理使用资源、提高资源利用效率的关键。

四、促进我国公路运输可持续发展的方法

（一）完善和健全相关的法律法规

当前，我国还没有针对公路运输业制定全国性的法律法规和相关条例，只针对公路的施工建设制定了相关的公路法，另外，一些地方政府虽然针对公路运输出台了相关的管理条例，但是不同地区在制定条例的过程中所遵循的原则以及根据此原则制定的条例内容都存在很大的不同，国家的立法机关应该尽快制定出与公路运输有关的法律法规，从而使不利于公路运输可持续发展的情况尽快得到有效的改善。与此同时，对于一些制定已久的与公路运输相关的规章条例也要加快修订，使其能够与我国经济与社会发展的要求相适应。除此之外，对于我国交通运输市场的准入和退出机制也要进行改进和完善。

（二）加强生态环境建设与保护力度

对我国公路运输业的实际状况进行充分的考虑之后，可以从以下四个方面入手强化生态保护的力度：第一，在进行公路建设的过程中要遵循节约土地的原则，要尽量避免占用耕地和林地，防止破坏植被，有利于保持水土，同时还要避免污染水源。另外，根据实际情况最大程度地利用荒地。第二，由于不同地区对交通运输的实际需求不同，因此在设计和制定相关的法律法规的过程中要保持一定的弹性，避免占用不必要的土地资源。第三，制定相关的激励政策，鼓励从事交通运输业的企业或个人购买更加环保的车型，同时还应该投入足够的资金研发、生产和推广使用低能耗的环保车辆，从而使尾气污染能够得到有效的控制。第四，采取合理有效的措施对噪声污染进行控制。

（三）加强从业人员的素质

要使公路运输的可持续发展得以实现，必须要依靠每一位公路运输业的从业人员，因此需要相关的从业人员不断地提高自身的综合素质，从而尽早地实现可持续发展的目标。而要做到这一点，就要做好以下几个方面的工

作：第一，实行公路运输从业人员资格认证制度。对于公路运输中比较重要或者比较专业的岗位要对从业人员进行岗位资格认证，从而保证从业人员都能够符合行业要求。第二，不断提升从业人员的政治素养。通过让公路运输行业的从业人员学习相关的政治理论，使其观念和工作作风能够得到有效的改变。第三，定期对员工进行相关的技能培训，提高他们的技能水平和综合素养，进而有效地提高整个公路运输业的效率和质量。

总而言之，在我国经济快速发展的背景下，必须要实现公路运输的可持续发展，因此国家立法机关、政府以及相关的部门必须要对此加以重视，及时采取合理有效的措施解决现存的各种问题，最终使经济、人口与环境的协调健康发展得以实现。

第二节 交通运输中的环境保护

一、交通运输对环境的负效应

随着人口的增长与机动车保有量的急剧增加，交通运输以其巨大的能源消耗，给自然环境和人类的生活环境造成了严重的污染。

（一）运输与交通公害及其表现形式

交通运输对环境的有害影响称为交通公害。所谓公害，一般包括大气污染、噪声、振动、水质污染、土壤污染、地面下沉、放射性辐射和电波危害等。公害有别于自然灾害，但也同样对人的健康和生活环境带来危害。交通公害主要包括：汽车、火车、飞机、轮船等运输工具的排气造成的大气污染；运输工具的运行产生噪声和振动；船舶的排水和管道事故造成水域污染；运输线路和运输设施对周围环境的噪声等。交通公害的表现形式主要有以下几点：

1. 大气污染

大气污染是指人类活动排出的污染物扩散到室外空气中，对人体、动植物和器物产生不利的大气状况，而混入大气的各种有害成分统称为大气污染物。

在运输工具的排气中，除了排出的水蒸气和二氧化碳外，还有许多有害成分，如一氧化碳（CO）、未完全燃烧的碳氢化合物（HC）、氮氧化物（NO_x）、铅化合物、硫化物和浮游性尘埃等。

CO是碳不完全燃烧的产物，吸入肺部的CO可以被血液中的血红蛋白所吸收，因而降低固定氧气的能力，高浓度的CO可能是致命的；HC、NO以及CO在阳光照射下发生光化学作用会生成光化学烟雾，其主要成分是以臭氧（O_3）为主的氧化性相当强的过氧化物，能刺激人的眼睛、黏膜，妨碍动植物的生长，引起多种疾病；汽油中的四乙铅是致癌物质；浮游性固体尘埃和硫化物吸入人体后，会引起气喘和支气管炎等疾病，硫化物也是酸雨产生的主要成分；CO_2的增多会使全球气候变暖，导致温室效应。另外，交通工具上使用的空调设备还会向大气层排放大量氯氟烃化合物，使大气层中的臭氧层遭到破坏。对于整个大气污染来说，运输工具是重要的污染源。

2. 温室气体排放

大气中温室气体浓度的增加是温室效应加强、全球变暖的主要原因。不同的温室气体对全球温室效应所起的作用也不同，其中以CO_2对温室效应的作用最大，而在产生CO_2的人类活动中，交通运输系统排放的CO_2占全部人类排放总量的20%以上。减少CO_2的排放量，以稳定温室气体的浓度，是交通运输系统面临的必须解决的问题。

3. 交通噪声

噪声就是使人烦躁、令人讨厌、不需要的声音，并希望利用一定的噪声控制措施消除掉的声音的总称。噪声使人或动物感到痛苦，严重的还会损伤听觉。交通噪声是飞机、火车、轮船和公路机动车等运输工具产生的。

汽车噪声由多个声源产生，包括发动机、进气管和排气管、风扇、喇叭、轮胎等各种机械噪声。轮船和火车的发动机及汽笛会产生噪声，火车行驶时与铁轨的摩擦也产生噪声，飞机对人类产生影响的噪声是在其起降时产生的。噪声对人的听觉与视觉系统、中枢神经系统等造成不同程度的伤害，并影响人的心理健康。

4. 交通水体污染

交通水体污染主要是船舶的排污、漏油和事故，港区排到水域内的工业废水和生活污水。另外，疏通河道、修建码头也会对水生物造成影响。

水体的流动性会使污染物随着水流运动和水生生物的生活习性而不断转移扩散，并通过水生食物链、饮水和河水灌溉的农作物危害人类的健康，而且影响速度极快，影响极大，治理非常困难。

5. 交通振动

交通振动包括由路面运输工具运行引起的地面振动和由空中运输工具飞行而引起的空气振动。地面交通振动主要因地面不平、轨道有接缝、运输工具运行时冲击地面或轨道而引起的。对人们产生主要影响的空中交通振动发生在飞机的起飞和降落时。交通振动也使人感到痛苦。

6. 交通事故

交通事故不仅给社会造成巨大的经济损失，而且给家庭带来无法挽回的精神痛苦。交通运输安全应包括两个方面：一是人身安全，二是货物安全。人身安全包括使用运输工具的旅客安全与非使用交通工具的第三方人身安全。运输企业在抓运输生产的同时，必须把安全放在首位。货物安全包括两个方面：一方面是因交通事故和运输责任造成的货物火灾、被盗、丢失、损坏、腐坏、污染、湿损、票货分离等；另一方面是不太为人们所重视的货物运输过程中的自然损耗。交通运输安全对资源和环境的影响巨大，我国每年因交通运输安全及运输的自然损失造成的直接经济损失达几百亿元。

7. 交通拥挤

交通运输的迅速发展使得交通拥挤成为世界性的大问题。交通拥挤不仅造成无效的等候，浪费时间，使运输系统的效率下降，并成为诱发交通事故的重要因素；还降低了燃料的利用效率，增加了污染物排放量，因为交通拥挤时燃料不完全燃烧形成的污染物排放量远远大于正常行驶时的污染物排放量，而且，拥挤路段由于车辆大量积聚，使该路段的污染物浓度明显大于其他路段。城市车辆堵塞的同时还造成高额的"拥挤成本"等。

除了上述交通运输的负面影响外，更严重的是交通污染衍生了可怕的时空环境问题：

(1) 温室效应

大气污染的日益严重，使地球表面出现严重的温室效应。随之而来的气候异常与自然灾害的增加，将使粮食生产的稳定受到威胁。

(2) 臭氧层耗损

臭氧层日益耗损，主要是由于氯氟烃类物质的长期排放和积累所引起的。臭氧层的消失将增加地表紫外线照射量，有可能导致许多浮游生物死亡，影响水生生态系统，对人类健康造成重大危害。

(3) 酸雨污染

排向大气中的硫化物与氮氧化物在空中遇水汽后凝聚成稀硫酸、稀硝酸，形成酸雨或酸雪使水源恶化、土壤酸化、森林枯死、水生生物死亡、建筑物遭腐蚀。

(4) 沙尘暴

主要是地表植被遭到严重破坏导致空气中的悬浮颗粒严重超标而造成的，对人类的呼吸系统危害极大。这些后果都是由不可持续的生产和消费造成的。

因此，可持续发展的意义就在于人类获得自身发展的同时，对发展带给人类的负效应有针对性地从时间和空间尺度上加以限定，使人类走上人与自然协调发展的道路。

(二) 交通运输对环境的影响分析

交通运输对环境的影响包括废弃物排放，如汽车尾气及其中的铅污染、船舶的生活垃圾及油污染、噪声等。

1. 汽车尾气是交通运输产生的突出环境问题之一

汽车排放的除 CO_2 之外的其他气体如 CO、NO_x、O_3、HC 等浓度也明显升高。由于汽车集中于城市，致使汽车排放的这些气体对城市污染源贡献率发生结构性的变化，即从原来的煤烟型污染为主转变为机动车排放的尾气为主。

2. 噪声污染

对不同交通运输方式噪声污染强度的研究对比发现,噪声污染平均强度以公路为重,次噪声强度以飞机为最。运输等量货物或旅客,铁路的噪声只有公路的 1/2～3/4;铁路、公路和航空的单位运输量所产生的噪声之比为 0.1∶1∶1。

噪声污染是局部性的环境问题。近年来对公众关注的环境问题调查表明,噪声已经成为城市居民最为关注的环境问题,因而也是投诉最多的环境问题。噪声污染对人体健康产生很大的危害,需要在交通运输基础设施建设中采取适当的防护措施,如建造隔音墙等,避免噪声对居民健康产生危害。

(三) 各种交通运输方式对可持续发展的影响分析

通过对各种运输方式的资源和能源消耗、环境污染以及对人身安全和货物安全等要素的分析,得出了各种交通运输方式对单项要素的对比。各种交通运输方式对可持续发展影响的定性分析可以归纳成表 6-1。

表 6-1　各种交通运输方式对可持续发展影响的定性分析

项目	对资源的占用				对环境的影响			安全性
	土地	水资源	能源	其他资源	大气	噪声	垃圾	
公路	多	少	多	建材	严重	中	少	中
铁路	中	少	中	建材	中	中	中	好
水运	少	多	少	航道	小	小	少	好
航空	少	少	很多	建材	中	很大	少	较好
管道	很少	中	中	建材	很小	很小	—	很好

下面从可持续发展的总体出发,对各种交通运输方式进行综合性的分析。

1. 铁路运输

与公路、航空等交通运输方式相比,铁路运输等量换算周转量占用的资源最少。铁路交通运输是调节我国资源禀赋和工业布局不均衡的重要纽带,承担着重质长途货运的巨大任务。如煤、石油等能源物质的由北南运,以及木材、粮食等物资的长途运输。铁路对环境的影响主要是对沿线抛弃生活废弃物，如废塑料、不可降解的餐具，以及各种包装物等。对石料、钢材和枕木等建筑材料的一次性投入较大，但使用年限较长，分摊到每年的折旧水平不高。另外，铁路对人身安全和货物安全的水平较高。从资源节约和环境保护的角度考虑，我国城市间的交通运输，用于国土开发目的、国际目的乃至国防建设目的的交通运输，仍应当将铁路作为首选的交通运输方式。

2. 公路运输

汽车尾气的排放成为道路沿线的重要污染源，特别是铅污染水平值得引起重视，随着无铅汽油的使用和新型环保汽车的开发使用，这一问题可望得到解决。由于公路运输具有通达性好，机动灵活，可实现从门到门的运输，一次性投资少，回收周期短等特点，公路交通运输仍有较大的发展潜力。在我国高速公路网规划和建设时，应当重视不同等级公路的配套建设。对于老少边穷地区，应当首先能通公路，并逐步建设和完善交通运输网络作为发展战略选择，应防止高速公路的过度扩张，在尽可能的条件下要与铁路网配套和衔接，以发挥各自的优势，达到综合集成和系统最优。

3. 水运

水运大致可分为内陆运输、沿海运输和远洋运输等。开凿运河发展漕运在我国已有2000多年的历史。科学技术发展到今天，海洋国家和内河航运条件好的国家仍将水运放在优先发展的地位。能源和其他矿产资源的外贸运输，主要采用远洋运输的形式。与铁路、公路等运输方式相比，水运是一种投资省、占地少（仅码头、港口、仓储等需要建设用地），劳动生产率较高，能耗低、污染轻（主要是油脂污染和船员的生活废弃物排放对水体造成的污染），是借水势行舟而又不消耗水资源的运输方式。鉴于我国的发展，从资源节约和环境保护的角度看，应当继续重视南方内河水运和各种远洋运输的发展，提高水运的竞争能力和自我生存与发展的潜力。

4. 航空运输

航空是一种现代化的交通运输方式，是资金密集型和技术密集型的行业，具有时效好、效率高的特点，同时航空运输又是高能耗、噪声污染严重的运输方式。飞机的噪声会造成飞机结构的疲劳，影响机载仪器设备的正常

第六章　交通运输的可持续发展

工作，干扰甚至妨碍乘客和机场附近居民的生活和健康。但是航空运输是不可或缺的一种交通运输方式，其具有快速、机动和安全舒适的特点，可以满足不同的要求和对外开放的需要，因而航空交通运输的发展成为一个国家开放和现代化的一个标志。从我国的能源供给角度看，我国航空运输的发展应当保持在适度的水平，不应盲目扩张，同时要合理配置各种资源，减少恶性竞争和重复建设，提高航空运输的竞争力，参与国际分工。

5. 管道运输

管道运输是一种对专业运输对象进行操作的运输方式，只能用于输送天然气、石油等流体货物的运输。目前，国际社会也在开展水煤浆的管道运输，并取得了一定的成功，值得引起我国有关部门的重视。管道运输的优势在于运量大，占用土地很少（仅需建各类泵站），人员投入少，对环境的影响很小，运输成本低，能耗少（以每吨千米运输货物消耗的能源计，管道运输仅为铁路的1/4，水运的1/3，公路的1/10，且不出现"空载"的问题），由于运输对象条件的限制，管道运输在我国的发展较慢，其货运量和货物周转量所占的比例不足2%，有进一步发展的潜力。

6. 城市交通运输

城市作为各种交通运输方式的集中地和交通运输的枢纽，在交通运输发展战略的选择中具有特别重要的地位。城市交通运输网络的构建应当以高效便利、资源节约和环境友好为原则，在整体上达到系统的最优。交通运输的规划是城市交通发展的蓝图，在规划中应当综合考虑城市功能和分区、土地利用、资源环境条件、多种交通方式的选择和衔接、减少人员和货物无序流动等因素，优先发展公共交通，采用轻轨、地铁、高架等形式，构筑立体的城市交通网络；应当重视交通运输对城市的影响，逐步开发和使用有利于环境的交通工具，如电动汽车、天然气汽车等，淘汰性能差、车况差的车辆，使等量运输条件下对环境的危害最小；将以人为本作为构建城市交通运输的宗旨，减少部门分割、各自为政、重复建设、重视标志工程而不顾实际效果的现象，减少交通运输堵塞造成的"拥挤成本"，提高交通运输的综合效率；制定相应的法律法规，营造公平的竞争环境，发挥各种运输的优势，为城市的可持续发展奠定基础、创造条件。

二、交通运输发展与环境保护

交通运输的可持续发展要求其发展既要满足当代人的交通需求，又不能损害后代人满足交通运输需求的能力，可将环境承载力作为判断交通运输系统与环境之间协调程度的依据。

环境承载力是指某区域一定时期内在确保资源合理开发利用和生态环境良性循环的条件下，资源及环境能够承载的人口数量及相应的经济社会活动总量的能力和容量。

环境承载力在很大程度上取决于环境标准、环境容量和人类的生产活动方式等方面。环境承载力说明在一定的条件下，环境对人类社会经济活动的支持能力是有限度的，一旦超过了环境容量的极限，要恢复是很困难的，有时甚至是不可逆的。因此，交通运输系统的发展应实现与自然环境的协调，走可持续发展之路。

（一）交通运输规划与环境保护

为保护环境，在交通运输规划中，首先，必须处理好交通基础设施及交通线路的建设与自然环境间的相互协调，尽量避免对具有生态价值的植物、野生动物和地形地质等构成的自然生态系统的破坏，特别注意国家级以上保护区的保护。

其次，在交通规划时，应通过各种有效措施来控制和减少公害。如在城市交通规划中，可以通过优先发展公共交通（如公共汽车、轨道运输）和优化公交线路来减少大气污染。

最后，在交通运输规划的项目评估中，必须将环境污染和生态破坏造成的损失作为社会效益的一项指标，包含在评估工作中。

（二）交通运输技术与环境保护

在交通运输领域发展轻污染技术和污染预防及应急技术对保护环境有重要作用。在轻污染技术方面，如在铁路运输中发展电气化运输，在汽车运输中改进发动机结构、发展代用清洁燃料、研制绿色环保汽车和太阳能汽车来减少对大气的污染；在污染预防技术方面，如在铁路和船舶运输中要开发生活垃圾及污水的处理装置；在污染应急技术方面，如在船舶运输中发生溢油时施放围油栏，使用水面浮油回收船和各种溢油回收装置，喷洒抗溢油化学剂，使用吸附材料，用激光点燃溢油等技术。

（三）交通运输管理与环境保护

要控制和减少交通公害对环境的影响，必须制定有效的法律和行政管理措施，如使用无铅汽油、划定禁止鸣笛区、污染严重超标及超过使用年限的车辆强制报废，以上可依照相应法律和行政手段强制实行。

第三节　交通运输可持续发展的资源环境

一、交通运输的资源消耗

自然资源是人类赖以生存和发展的物质基础，是人类生活和生产资料的最基本来源。人类社会的可持续发展与自然资源的供给状况、开发利用和保护程度密切相关。由于人口增加、经济和社会发展，人类对自然资源的需求和消耗不断增加，自然资源大幅度减少、退化和枯竭，资源短缺已经成为经济和社会发展的制约因素。如何开发利用和保护自然资源，确保资源的可持续利用，是当今世界各国所面临的重大问题。交通运输的资源消耗，主要表现为运输发展所需的土地、原材料以及运输的能源消耗。在土地占用方面，尤以汽车运输为最。

二、交通运输的资源利用

资源利用问题是可持续发展的一个重要内容，也是促使人们研究可持续发展的一个重要因素。人类对自然资源无节制地使用，高资源消耗的生产和生活方式，已使地球的部分资源面临着枯竭的危险，资源已不再是取之不竭的。资源的利用是摆在各国、各行各业面前的迫切问题。交通运输业自从成为一个独立的物质生产部门之后，一直是大量消耗资源的行业，尤其是对能源的严重消耗，一些主要发达国家能源的30%以上被交通运输消耗掉。交通运输的资源利用问题成为研究可持续发展的重要内容之一。

交通资源是指交通运输赖以生存和发展的物质基础，包括交通运输的自然资源、资本资源和人力资源，这里特指其中的自然资源，如土地、能源、金属材料等。为研究交通运输可持续发展问题，根据交通运输资源能否再生，分为可再生资源和不可再生资源两大类。

（一）可再生资源

可再生资源是指能够通过自然力以一定增长率保持或增加蕴藏量的自然资源。如太阳能、大气、森林、鱼类及各种野生动植物等，可再生资源又可以分为可再生商品性资源和可再生公共物品性资源。可再生商品性资源的财产权可以确定，能够被私人所有和享用，并能在市场上进行交易，如私人的土地、森林等。它具有产权明确（资源拥有者的各项权利明确）、专有性（资源带来的效益和费用都作用于资源所有者，只有通过所有者才可交易资源的所有权和使用权）、可转让（所有权可以从一个所有者转移到另一个所有者，从而实现有效配置）和可实施（保证资源免于他人的侵犯，侵犯产权者得到的惩罚大于破坏权利可能得到的最大好处或期望的非法收入）等特点，可再生公共物品性资源是指不为任何特定人所拥有，但是却能为任何人所享用的可再生资源，如空气、公海的鱼类等。它具有消费不可分割性或无竞争性（某人对某物品的消费完全不会减少或干扰他人对同一物品的消费）、消费无排他性（不能阻止任何人免费消费该物质）等特点。

可再生资源可以通过大自然的作用生殖繁衍，进行新陈代谢，不断循环得以开发利用，但是如果在一定时期里耗用过度，就可能打断资源再生循环的"链条"，使其更新过程受阻，蕴藏量不断减少，以至枯竭。不同的可再生资源，其再生恢复的速度是不同的，如自然形成的1cm厚的土壤腐殖质层需要几百年，砍伐森林的恢复一般需要十年到百余年。只有个别的可再生资源的数量不受人类活动的影响，如太阳能。对于可再生资源的可持续利用主要是合理调控资源使用率，实现资源的永续利用。因此，对可再生资源的消耗速度应小于这些资源的再生恢复速度。同时，应不断增加社会投入来加速其恢复和再生，以满足社会经济发展对资源不断增加的需求。

（二）不可再生资源

不可再生资源主要是指在任何对人类有意义的时间范围内，资源质量保持不变，资源的蕴藏量不再增加的资源（如矿物燃料）。不可再生资源按照能否回收分为可回收资源和不可回收资源。使用过程不可逆，且使用之后不能恢复原状的不可再生资源是不可回收的，主要指煤炭、石油、天然气等矿物燃料（能源），这类资源被使用后就被消耗掉了。例如煤炭，一旦燃烧变成热能，热量便消散到大气中，变得不可恢复了。不可回收的特性决定了不可回收资源的耗竭速度必然大于其他资源，减缓不可回收资源耗竭速度的重要措施是提高资源的利用率。由资源制造出的产品的效用丧失后，其大部分物质还能够回收的为可回收的不可再生资源。一般金属矿物资源属于可回收资源，例如汽车报废后，汽车上的废铁可以回收利用。资源的可回收利用程度是由经济条件决定的。只有当回收利用的成本低于新资源的开采成本时，回收利用才有可能；即便可以回收，由于可回收资源不可能100%地循环利用，最终仍将无法逃脱被耗竭的命运。对于可回收资源，随着科技发展和进步，一般可以"扩大"（提高资源的回采率）矿产资源可供利用的储量和回收利用程度来减缓可回收资源的利用。不可再生资源因为是不可再生的，它的可持续利用实际上就是最优耗竭问题，即解决在不同时期合理配置有限的资源问题和如何使用可再生资源替代不可再生资源问题。资源合理配置的目标是使资源利用净效益的现值最大化。

交通资源与其他资源一样，也存在其固有的客观属性，具体表现为以下几个方面：

1. 稀缺性

资源之所以称为资源，是针对人类的需要来说的。资源与人类社会系统的关系是不可逆的，它从本质上规定了资源的"单流向"特征，即资源只能是供体，社会系统是受体。而作为供体的资源总是被消耗的，只要是被消耗的也就总是稀缺的，即使是可再生资源，当社会需求的增加速度超过其再生增殖能力时，同样会表现出稀缺的特征。

2. 竞争性

竞争性来源于稀缺性，资源的竞争性表现在两个方面：其一，在众多资源构成中，人类社会努力选择在其应用上最为合适的，在经济上最为合算的，在时间上最为适宜的那一类资源，这种选择本身就体现出了竞争的内涵；其二，在众多需求者中，不同程度地需要同一类资源。因此，资源供体的优劣和稀缺特征，必然会在资源受体之间引起对于资源供体的选择及占有等一系列复杂的竞争现象。

3. 不均性

资源的质和量往往不可能均匀地出现在任一空间范围，它们总是相对集中于某些区域。在这些资源集聚的区域里，或者是资源的密度大、数量多，或者是质量高、易于开发利用。所以，资源总是表现出其自然本质上的差异性和地理分布上的差异性，这也是资源之所以稀缺的一个重要原因。

4 循环性

自然界中，各类资源之间是相互联系的，彼此按照各自所固有的规律运动，并保持一定的平衡关系。例如自然界中的水，在太阳辐射的影响下，不断地进行循环。海洋中和大陆上的水，经蒸发成为水蒸气进入大气圈，随着空气的运动，在适当的气候条件下，以降雨雪冰雹的形式回到地面，汇入海洋，并部分渗入地下，这就构成了自然界中水的循环。所以只要保持水体循环系统及其平衡不受破坏，水是不会枯竭的。但是，如果水体循环受到破坏，失去平衡，就会引起某些地区水源枯竭，出现水荒。如对地下水的取水量超过其补给量，就会造成地下水位下降，甚至引起地面沉降。交通资源也如同水资源一样，在使用的同时必须及时补给，以避免资源枯竭。

港口岸线是港口建设的基础性资源，是国家的宝贵的不可再生战略资源，也需要以可持续发展的观点去开发利用，考虑到社会的可持续发展，除了采取节能措施之外，寻找新的可再生能源和清洁能源也是必然的发展趋势。

三、交通运输对资源与环境影响的评价

（一）交通运输对资源与环境影响的评价指标

为了反映交通运输方式在可持续发展的前提下对资源与环境的影响和消耗状况，并对交通运输方式对可持续发展的适应度做出评价，可将评价指标按资源、环境、能源分为三类。

1. 资源指标

①土地利用效率。对于公路和铁路，可通过占用单位横截面宽度所实现的道路通行能力来加以表征；对于航空和管道运输，其占地主要体现为起、终点站的占地。

②相对在途时间。以时速的方式加以反映，但应将等待、转车以及事故损失时间计算在内。

③全寿命造价。考虑在建设、使用和维护以及淘汰的全寿命周期内各种交通运输方式工程造价的大小。

④工期。工程建设工期。

⑤建设难度。定性分析，一方面反映交通项目建设对于地理及区域的适应性；另一方面反映交通项目建设对生活、生态的影响程度。

⑥边际耗竭成本。反映在现有基础上单位交通量（或运输能力）的增量引起资源消耗增加的水平。

2. 环境指标

①废气排放。以 NO_2、CO、光化学烟雾、CO_2、SO_2 五种典型废气污染指标，结合国家环境标准进行评价。

②噪声。在相对确定的影响范围内，以分贝等级来评价。

③振动定性分析。

④地域隔断。定性分析，反映地域因交通建设而产生的生活不便和区域隔断影响。

⑤水污染。以综合指标生化需氧量 BOD、化学需氧量 COD 为标准。

⑥生态效应。反映交通建设和运营对通过区域自然生态和社会生态结构

的影响。

⑦边际环境成本。反映在现有基础上单位交通量（或运输能力）的增量引起资源环境综合影响的水平。

3. 能源指标

（1）耗能指标

kJ/人·km，或者是 kJ/t·km。

（2）能源的可替代性

探求各种交通方式使用能源的广度，以影响其生命力。

（3）能源的生成与转化方式

对能源的产生进行分析，从而对能源的隐性消耗加以比较分析，比如电能，其主要来源是火力发电、水力发电和风能发电，隐性消耗就是煤、水能和风能。

（4）能源的发展前景

从能源的将来可利用性指标入手分析能源和交通方式的选择。由于我们是在可持续发展的背景下来确定评价指标的，所以评价指标不仅仅局限于反映污染程度的量化性指标，还将反映社会、经济发展，以及人居环境、生活水平的指标包含进来，使其能够更好地反映可持续发展的要求。

（二）交通运输对资源与环境影响的评价方法

建立了评价指标体系后，就需要对交通运输方式对资源与环境的影响程度进行评价。首先应确定各评价指标值，然后将各评价指标分为可量化指标和不可量化指标，对量化指标我们可以通过调研、计算或建立模型加以确定，对不可量化指标则主要通过定性分析手段加以评定，然后再统一进行分析。

1. 指标确定

量化指标有土地利用效率、在途时间、全寿命造价、工期、边际耗竭成本、废气排放（单位 mg/m^3）、噪声、水污染（单位 mg/L）、边际环境成本、耗能指标（单位 $kJ/人·km$）等。其中，土地利用效率、在途时间、工期、耗能指标比较易确定；废气排放评价可以通过确定平均排放因子，得到一般状况下污染排放量；全寿命造价则可以在交通项目经济评估的基础上，将各使用年的维护、事故处理费用折入现值，得到量级数据；噪声确定可利用噪声扩散模型计算，也可以现场监测；边际耗竭成本不等同于单车油耗，它还包括运载设施的资源消耗，反映在当前情况下交通方式的可发展性；边际环境成本是在现有交通量的状况下，反映环境影响与环境容量的关系。

不可量化指标有建设难度、地域隔断、振动、生态效应、能源的可替代性、能源的生成与转化方式、能源的发展前景。对于这些指标，可以根据其影响程度给定几个等级来加以确定。

2. 评价方法

（1）德尔菲法

德尔菲法是专家评分法的一种。目前在一些政策性较强、不易量化的评价中广泛使用。为利用上述指标体系对各种交通方式对环境与资源的影响（包括能源和生态）进行评价，给出最为适应资源与环境发展的交通方式和最有效的交通结构体系，需要对德尔菲法进行一定的扩展，其主要步骤是：

第一，确定由各方技术人员组成的专家组，应包括交通工程专家、环境专家、国土及能源问题专家、生态专家、国家环保局主管人员、交通部委管理人员等。

第二，对各指标的重要性给定评定等级，如非常重要、重要、一般、不重要、很不重要，请各方面专家对各指标进行重要性选择，将相对重要性结果进行容错分析后转换成权重系数。

第三，对指标系列（量化和非量化）确定评分标准，如大气污染的评分可与国家标准相对应；非量化指标的评分可根据其影响程度人为确定。

第四，由专家组对指标体系进行打分，形成二维表，进行统计处理，得到各指标得分和各交通方式对环境影响的总得分，可以确定最为适应资源与环境发展的交通方式。

第五，将全寿命造价和土地利用效率与能源发展前景的总和作为限制条件，将总得分最大作为目标函数，进行最优性评价，从而得到最为适应资源与环境发展的、最有效的交通结构体系。

(2) 广义效益—费用分析法

广义效益—费用分析法是发展中国家环境影响评价（EIA）的一个新倾向。这种方法的提出是基于这样一种考虑：在发展中国家，EIA必须首先对利用天然的和人工的资源进行评价。因为开发项目需要或损害这些资源（广义的成本），或者产生和带来效益（广义的效益），并与区域的可持续发展规划密切相关。

这种方法实质上就是在现有的指标体系基础上，将相应的指标货币化，并在交通项目全寿命周期内的效益和费用中增加资源与环境成本、效益的内容，统一进行分析与评价，从而体现一种交通方式的经济、社会和资源与环境的协调发展。

这种方法关键在于货币化技术的应用。货币化技术的应用在社会成本—效益分析中具有重大的意义，这是由货币化技术具有以下几个优点所决定的：首先，货币化表现社会成本效益，其成本具有明显的社会经济含义，尽管同一种货币量对于不同的对象具有不同的意义；其次，货币化使得成本—效益分析变得易于操作，且存在较强的对比意义，有利于决策判断；最后，由于资金利率的存在，使得评价结构易于在时间序列上进行比较，也使得新型环境评价能够实现其动态平衡。在上述的指标体系中：

全寿命造价，本身就是货币形式，而且是效益—费用的重要组成部分；

在途时间，有成熟的时间货币化手段，即时间价值，可用社会平均时间收益来转化；

工期和建设难度，均可归属于全寿命造价；

土地利用效率，可通过土地转换为其他利用形式的利用效率来等效，或者由土地管理部门确定其土地开发价值来货币化；

废气排放和水污染，可通过交通方式对环境造成污染，虚拟建立处理设施并运行降到环境本底值所需的费用来作为环境成本；

噪声，与废气排放类似，以虚拟建立路旁或建筑外墙吸声墙、板带，降低噪声到符合国家标准所需的费用作为噪声成本；

耗能指标，能源的费用从开采、处理到运输都比较易计量，但是，从可

持续发展的角度,对于一次性能源应在基本费用的基础上乘以一个系数(w≥1);

能源的可替代性、能源生成与转化方式、能源的发展前景,可通过对能源基本费用乘以一系列的经验系数 α、β、γ 来进行表征;

生态效应,主要表现为:植被、生物两方面,除计量植被市场费用外,还需要根据植被对我国的特殊意义乘以系数,生物的直接费用很难计量,可交由动物保护组织进行评估。

货币化方法形式较多,且缺乏统一的标准,是目前广义社会费用—效益分析法使用受限的主要原因。

四、智慧交通:新科技革命下交通运输业发展的新机遇

经济发展、交通需求与资源环境约束之间的矛盾是世界上众多工业化国家和地区面临的共性问题。随着新一轮科技革命兴起,新一代信息技术与交通领域加速融合,有力推动了交通运输业智能化、绿色化发展。

(一)智慧交通发展与演变

智慧交通由智能交通系统(ITS)发展演变而来。20 世纪 80 年代,电子控制技术及计算机处理技术等在交通运输管理系统得到应用,通过全面的信息收集、处理、发布、交换和分析,为交通管理者的调度决策提供了辅助性服务。

近年来,物联网、大数据、云计算、传感技术和人工智能等新一代信息技术加速向交通运输业渗透。智慧交通作为既有智能交通系统的升级和创新,功能由服务于运输管理决策向服务于出行需求转变,更强调以人为本及可持续发展。智慧交通通过对新一代信息技术、交通科学及系统方法的融合应用,深度分析、挖掘交通运输数据,打造高效、环保、人性化和一体化的大交通体系,实现线上配置资源线下高效运行的精准化、绿色化和个性化出行。

(二)我国智慧交通发展现状与特点

随着我国城镇化进程加快,数字化、网联化和智能化的新一轮科技革

命，为解决经济发展、交通需求与资源环境约束之间的矛盾，构建高效、便捷、安全、绿色的智慧交通体系提供了新契机。

1. 精准化和个性化的日常出行

新一代信息技术与交通运输业的融合改变了传统出行方式。公交线路查询软件、网络预约出租汽车经营服务平台等不断涌现，智能手机、移动互联网及移动支付方式得到广泛应用，越来越多的消费者倾向在出行前通过移动端查询、在线下单，由终端根据车辆所在位置配置最优订单，将出行需求与交通资源精准对接，提升出行体验。以网络预约出租汽车经营服务为例，其针对消费群体多元化、品质化、个性化的消费需求，推出私人定制的专车模式、日常通勤的拼车模式、中长途出行的顺风车模式、交际应酬的代驾模式以及绿色环保的共享租车和共享单车模式，一定程度地解决了城市"停车难"和"最后一公里"的接驳问题。

基于网络对信息的高效匹配，公共交通领域建立了需求响应式公共交通体系（DRT）。该体系以乘客需求为导向，打破路线及班次限制，由调度中心根据用户的预订需求提供"专座直达"的定制化公交出行路线，营造便捷、低价、用户友好的出行体验，提升公共交通运营效率，缓解交通系统压力。

2. 网络化和智能化的交通管理服务系统

随着无人驾驶、车联网和"出行即服务"（MaaS）系统等新一代交通技术快速发展，交通管理服务系统网络化、智能化和社会化水平不断提高。

一是全自动电子收费系统。高速公路 ETC 收费通道可在车辆通过收费站时自动完成收费，避免停车交费所造成的交通拥堵，大幅提高道路通行效率。路侧电子停车收费系统利用高位拍照、路内电子收费管理平台、用户端小程序及巡检 PDA 终端实现计费和缴费，避免了计费、缴费摩擦和逃费现象，节省监管成本，提升用户体验。

二是实时交通信息服务平台。该平台通过设置在交通路口的传感器收集路况信息，由主控中心进行分析、处理后实时发布，以便公众规避拥堵、规划合理的出行方式。基于移动智能终端技术服务构建的"出行即服务"

（MaaS）系统可根据出行者的个人需求整合多种交通方式，提供一体化、全流程的智慧出行服务。

三是智能交通管理系统。该系统通过路况感知、数据采集、流量预警、后台管控及智能化信息提示协助交通管理部门提升危险和灾害预警、交通安全保障等方面的能力，提高城市交通管理服务智能化水平。例如，匝道智能管控系统通过毫米波雷达等探测设备对高速公路车流进行动态感知，实现匝道汇入车流智能预警、信号灯调控及间歇性、拉链式交替通行，有效缓解高速公路通行压力，减少安全隐患。

3. 线上线下融合的物流系统

物流系统是国民经济的基础性产业，包含运输、配送、仓储、包装、装卸及物流信息管理等环节。自动化和智能化的新一代信息技术使物流市场获得了较大发展，形成了物流公司众包模式、全民众包模式、货运O2O模式和自建物流模式。在网络物流平台上，货运需求方与供给方可实现实时对接。货运企业借助线上与线下结合的网络货运方式整合数量众多、种类繁杂、分布散乱的运输资源，拓宽了企业服务范围。全国联网的物流货运信息系统将物流资源与货运资源精准匹配，协助轻资产平台型创业公司高效管理中小散户司机。

人工智能的应用缓解了物流业的劳动力不足，提高了包装码垛和装卸搬运等环节的物流效率。物流机器人单次可配送约20个包裹，在业务量密集的区域日均配送40余次，避免了人力配送可能出现的安全隐患，提升了物流作业跟踪定位及监控所运输物品状态的智能化程度。

五、交通运输业发展趋势分析

（一）交通运输工具发展趋势

交通运输工具呈现更高速、更智能、更安全和更环保的发展趋势，自动驾驶汽车、磁悬浮列车、超级高速铁路、无人船及无人驾驶载人飞机等新型交通运输工具将成为交通运输业变革的重要成果。

1. 汽车运输装备

电动化、智能化、网联化和共享化是汽车产业未来的发展方向。自动驾驶汽车是新一代移动通信技术、新能源、智慧电网、智慧交通及智慧城市融合发展的产物，这一功能强大的移动智能平台将成为新时期推动科技创新和产业转型升级、实现智慧出行的主要载体。

与传统汽车相比，自动驾驶汽车具有四个优势。一是安全稳定。利用车载传感器、雷达感知周围环境，控制车辆转向和速度，能够减少由于疲劳驾驶、酒驾或司机疏忽等造成的交通事故，提高车辆行驶的安全性。二是缓解交通压力。通过卫星导航监控实时路况，规划最优出行路线，及时规避拥堵。三是节能环保。通过控制系统确认最优的加速、制动和减速方式，提高能源利用率。四是轻松出行。增加旅途中可自由支配的时间，提高出行品质。

通用电气、丰田汽车、日产汽车、百度、一汽解放汽车、东风汽车和长安汽车等国内外科技公司及大型车企陆续启动了自动驾驶汽车研发计划。

2. 铁路运输装备

无人化与网联化是铁路列车未来的发展方向。铁路沿线信号设备将逐渐消失，铁路列车开行间距将大幅减小，运输效率也会进一步提升。

一是速度等级提高。我国以轮轨为导向系统的高速列车时速达350千米，处于全球领先水平。到2050年，我国3万吨级重载列车和时速250千米级高速货运列车有望实现重大突破，高速轮轨客运列车系统时速将提高到400千米，以电磁作为导向系统的高速列车时速有望达到600千米。高速磁悬浮轨道交通将成为轨道交通技术未来主要的研发方向。

二是运行方式优化。货运动车组、可变编组动车组等成为研发重点，预期根据铁路客流淡旺季及线路繁忙程度增、减配置车厢，实现最优搭配，减少成本支出，避免运力浪费。

三是用户体验提升。从固定设施、移动装备和运营管理等方面完善高速铁路运输安全保障体系，进一步提高高速列车在复杂恶劣环境下安全运行的稳定性、噪声控制水平及乘客舒适性。

四是智能化发展。人工智能前瞻技术广泛应用于铁路建设,围绕智慧物流、智慧客服、智慧调运中心和智慧办公系统等业务打造智慧铁路平台。通过大数据技术对海量实车数据进行分析和预测,优化高速铁路设施配置,全面提升运输效率及服务品质。

3. 航空航天运输装备

载货运输方面,波音公司推出无人驾驶电动垂直起降货运飞行器原型设备,运送货物重量达225千克。载人运输方面,波音公司与英国航天航空公司尝试在商业航班中应用全自动驾驶技术,民航客机经改装后,长途飞行所需飞行员由5名减少至2—3名。空中客车公司启动了无人驾驶电动斜旋翼飞机研发项目,预期在直升机场完成起降,以缓解城市交通拥堵问题。

4. 航运装备

无人船是智能船舶发展到高级阶段的产物,在货运、科考、探查、气象和海防等方面具有较大的应用价值。无人船是通过卫星定位和传感技术进行导航的全自动水面机器人,在美国、英国、意大利、葡萄牙、德国、法国和日本等世界航运强国发展较快。美国是最早布局无人船的国家,在技术研发上占绝对优势。

(二)交通基础设施建设技术发展趋势

交通基础设施建设技术呈现强度高、耐久性强、智能化及环境友好的发展趋势。桥梁工程技术方面,安全、耐久、智能、绿色的材料逐渐普及,新一代信息技术与桥梁工程技术深度融合,桥梁智能管养新体系建成。隧道工程技术方面,装配施工技术、新型隧道施工技术和新型耐久性混凝土材料得到广泛应用,桥梁、隧道设计使用年限预期达到200年。土工结构工程技术呈现资源节约、环境友好的发展趋势,高速公路实现智能化监测、检测、养护和维修。港航与海岸工程技术方面,港口建设向外海及深水岸线发展,建筑物呈现结构大型化及形式多元化趋势。疏浚与造陆技术方面,逐步实现沿海疏浚工程装备大型化、内陆河湖疏浚精细化、疏浚产业与相关产业协同化以及环保疏浚智能化。路面道床和跑道工程技术方面,路面跑道建造、运营和养护全面实现智能化;有砟轨道道砟实现回收利用,人造道砟在工程中得到应用,无砟轨道耐久性取得突破性进展。

(三) 交通运输管理系统发展趋势

交通运输管理系统呈现智能化、网联化、协同化和一体化的发展趋势。水、陆、空交通资源将通过数据传输技术、传感器技术、电子控制技术及系统管理技术等实现全面整合,形成跨层、跨区、跨方式交互的低延时高可靠的天临空地一体化交通信息网络。交通运输管理系统将智能化的交通运输装备、用户、路网及服务部门等进行有效集成,即时、精确、高效地解决交通安全、运输效率、能源和环境等方面产生的问题,使经济增长和社会效益相统一。

六、推动交通运输业变革的建议

新一轮科技革命为我国由交通大国迈向交通强国、实现绿色低碳可持续发展提供了机遇,应以智能化、绿色化、一体化、共享化的顶层设计引领交通运输创新发展,巩固传统产业优势,补齐核心技术短板,加快实现"双碳"目标。

第七章　交通运输新业态

第一节　智能交通新技术

一、积极推动我国自动驾驶汽车产业发展

（一）深刻认识发展自动驾驶汽车的重大意义

1. 自动驾驶汽车为推动我国产业升级和质量变革提供了重大机遇

与美、日、德等发达国家在传统汽车多数核心技术上已基本确立垄断地位不同，在自动驾驶汽车方面，各国在相关技术上均缺乏积累，如果能把握好当前我国在互联网、通信技术、新能源汽车等方面的优势，加强自动驾驶汽车技术的研发和商用推广，有可能实现汽车产业的弯道超车。更重要的是，自动驾驶汽车产业链较传统汽车更长，不仅涉及传统的汽车、机械、电子、能源等，还与人工智能、大数据、高精地图、高精感知、下一代通信等领域密切相关。加大对自动驾驶汽车的研发，能够促进全产业链条系统性的转型升级，推动我国产业结构迈向中高端，有力支撑制造强国、质量强国、航天强国、交通强国、网络强国、数字中国建设。

2. 自动驾驶汽车为实现我国交通运输乃至经济社会运行的效率变革提供了重要手段

我国每年道路交通安全事故伤亡人数近 30 万人，人为操作失误是交通事故的主要因素。自动驾驶能够最大程度消除由于人的疲劳和随意性，以及复杂道路环境等因素导致的交通事故，显著提升车辆驾驶的安全性。纵观铁路、公路、民航、水运等交通运输领域，自动驾驶汽车是未来一段时期可以预期的变革性最大、影响面最广的领域。由于交通运行效率的提高，交通物流成本的下降，也将进一步激发经济社会的发展活力，实现经济社会全要素生产率的大幅提升。

3. 自动驾驶汽车为实现我国经济社会发展的动力变革提供了重要支撑

自动驾驶汽车的出现，使汽车由单纯的交通工具逐渐转变为出行与公务商务、购物消费、休闲娱乐相互渗透的"交通移动空间"，从而推动"不求所有、但求所用"的共享出行等生产生活新模式的不断涌现，对交通出行乃至城市发展布局、社会秩序等产生重大影响，未来的城镇体系格局、城市规划设计、法律法规、社会秩序与行为规范等，都将基于新的生产生活模式而被重新定义。自动驾驶汽车还将同其他领域的人工智能应用一道，将人类从简单重复劳动中解放出来，进一步增强人类的创造力，新模式、新业态、新增长点将不断推陈出新，成为经济社会发展的不竭动力。

（二）自动驾驶汽车的研发现状与应用特点

1. 资本高度关注，高科技企业、新兴汽车企业、传统汽车企业作为研发主体采用不同的技术路径齐头并进

汽车自动驾驶提出并开展研究已经很多年，以往以政府、科研机构为主要主体，采用车路协同的技术路线，即通过在道路等基础设施上布设感知设备、与车辆进行交互通信实现自动行驶。近几年，主要推动主体是企业，并且得到资本的高度关注，已经有上百亿甚至千亿美金的投入。目前推进的企业和技术路径主要有三类：第一类是以美国谷歌和我国百度为代表的高科技企业，主要基于激光雷达、视频传感器，利用人工智能的车载计算机，直接开发具有高度或完全自动驾驶功能的汽车；第二类是美国特斯拉和我国蔚来等新兴车企，结合汽车电动化，以商业模式和未来产业生态布局为着眼点，逐步开发自动驾驶汽车；第三类是国外的奥迪、通用、宝马和我国长安等传统车企，选择在现有车辆基础上，以核心技术和终端产品为主线，采用相对保守的逐级提升发展的路径。

2. 新技术发展为自动驾驶汽车创造了条件，整体逐步成熟并已实际道

路测试，完全自动驾驶车辆的商用越来越近，限制范围条件下的应用已具备较高的可能性。

综合分析判断，虽然高度自动驾驶的汽车进入量产商用不会像车企宣传的那样在三五年就能实现，但一些特定场景的应用将很有可能，如固定线路运营的公交车、货车，高速公路上的编队运行，小规模范围运输的港口、矿山车辆和园区摆渡车等。另外，自适应巡航、自动泊车等智能辅助驾驶技术已相当成熟，商用化进程也将加速。

（三）我国发展自动驾驶汽车的几点建议

1. 制定自动驾驶汽车发展战略，坚持以智能化为主，兼顾网联化的技术路线

将发展自动驾驶汽车作为推动经济发展质量变革、效率变革、动力变革的重要机遇，从技术、产业、交通等多个维度明确自动驾驶汽车的战略选择，支持和鼓励自动驾驶汽车相关技术的研发应用。在技术路线方面，智能化犹如人的大脑，是自动驾驶汽车内在的不可或缺的重要基础，更是将来实现完全无人驾驶的先决条件；网联化是提高智能交通系统效率的重要支撑，通过车与车、车与路、车与环境的协同，使得车辆运行更加高效、稳定可靠、安全，商用基础较为扎实。结合自动驾驶技术的发展趋势，建议在坚持以智能化为主的基础上，支持网联化同步发展，避免对技术创新和产业发展形成制约。同时，基于燃油车、电动车的技术特点、发展前景与现实差距，我国可重点考虑在电动汽车基础上研发自动驾驶技术，以更好实现弯道超车。

2. 坚持以企业为主体研发推动

自动驾驶汽车技术已逐渐由实验室走向上路测试甚至是小范围商用阶段，其市场价值正在逐渐显现，各类企业已经成为推动自动驾驶技术发展过程中的主力军。我国应对政府主导成立的国家智能汽车创新平台、协会性质的中国智能网联汽车产业联盟以及最近21家国内行业龙头企业及科研单位合资成立的国汽智能网联汽车研究院有限公司进行合理准确定位，更多鼓励各类企业通过兼并重组、资本融合、合资合作等方式开展研发。也可以发挥

我国的制度优势，采用航天和大飞机的发展模式，组建一两家国有企业主导进行自动驾驶技术的攻关。

3. 为企业研发测试创造良好环境

鼓励我国企业在自动驾驶技术领先的国家设立创新研发中心，加强与先进企业的技术合作，瞄准和融入世界技术前沿。同时，创造条件支持企业国内研发中心引进国际顶尖人才，提升自主研发能力。鼓励在可控环境下已测试成熟的自动驾驶汽车开展实际路测，逐步放宽公共道路开放条件，扩大开放范围，为自动驾驶汽车提供各种真实场景的实际训练机会。国家层面适时出台上路测试、认证标准、责任界定等方面的政策法规，予以鼓励和规范，在强调安全责任界定的同时，注重实测数据的获取与开放，为发放量产车辆牌照奠定基础。

4. 强化特定场景和重点区域的试点示范

选择城市开放区域和特定高速公路路段，结合新一代国家交通控制网和智慧公路试点，开展"智能＋网联"的自动驾驶汽车应用示范。加强对城市公交、自动驾驶小巴、卡车智能车队等商用条件相对较成熟领域的自动驾驶技术研发，选择在雄安新区、北京、深圳等科技创新中心，结合北京冬奥会、杭州亚运会等重大活动契机，开展试点示范，并适时在全国范围推广。

5. 积极应对量产商用及带来的变化影响

国家可在必要时采取政策措施，对自动驾驶汽车予以一定的产业保护，如合理把握自动驾驶汽车的市场准入时间等，为我国企业研发、量产争取更多时间。研究制定全面覆盖汽车制造、信息通信、基础设施、信息安全、运行监管、应用服务等领域的新一代技术标准体系，适时调整相关法律法规，应对技术条件成熟后的车辆大规模投产商用。

二、无人驾驶的战略和路径选择

（一）我国开始注重"＋聪明的路"，欲以此弯道超车

无人驾驶作为人工智能最有可能的应用领域，将会有巨大的经济效益。我国当然也不甘落后，有很多企业已经加入了这个行列，最具代表性的就是

互联网企业——百度。百度前期也与国外企业一样，重点研究推进"聪明的车"。

现在，我国越来越多的人和企业转向了"聪明的车"＋"聪明的路"，即车路协同，声音越来越大。百度、阿里等许多互联网巨头企业、华为等通信龙头企业，都纷纷宣布进入车路协同推进无人驾驶。

选择车路协同，也许可以加快无人驾驶的研发推进速度，并且充分发挥我国集中力量办大事的制度优势，实现我国无人驾驶的"弯道超车"。我国政府有能力推动在路侧建设高精度的感知设施设备，即"聪明的路"。问题是，这条技术路线到底行不行呢？

（二）"＋聪明的路"能否克服当前技术瓶颈

"聪明的车"，道理很简单，就是想模仿人：用车载摄像头、雷达等感知设备（相当于的眼睛和耳朵），看到并识别周边的情况，再根据情况作出判断（相当于人的大脑），然后控制汽车驾驶行为（相当于人的手和脚）。

"聪明的车"＋"聪明的路"是在路侧也装上感知设施设备，相当于给车增加了新的眼睛和耳朵，可以提供更丰富、及时的外部信息，弥补单车智能的感知盲点。毫无疑问，增加更多的信息肯定会更好，使得驾驶更安全。但其本质是什么呢？只是增加了更多的信息而已。

现在无人驾驶的技术"瓶颈"主要是信息量不够？还是算法、人工智能不够呢？地上有一片白色的区域，是看不到呢，还是无法区分这是不小心落在地上的白纸、还是地面标线？是发现不了前方道路上突然出现了个被风吹动的塑料袋呢，还是不知道这种情况下要拐弯避让还是刹车？简单说，是眼睛和耳朵不够呢，还是脑子不够？就目前了解，技术"瓶颈"主要是人工智能的算法和芯片，是脑子问题。如果是脑子不够，增加眼睛和耳朵能不能解决问题？

（三）把感知设备从"车"搬到"路"上，是否可行？

如果更彻底些，干脆把车载的雷达、摄像头等感知设备全部转移到路侧，有人认为这样可以大大节省成本。因为车载设备只能供一个车使用，路侧设备可以供所有车使用。可是，一套车载设备可以供这辆车在所有地方使用，而一套路侧设备只负责一两百米的路段。如果让车辆在任何地方都能行驶，需要在全国近 500 万公里的公路和所有城市的大街小巷都要装上路侧设备。如果 100 米一个，全国公路就得 5000 万个。同时，这些感知设备是有使用寿命的，现在激光头使用寿命一万个小时左右。如果是车载，只有开车的时候才打开使用，平均每天用 2 个多小时，基本上可用到车辆报废。但如果在路侧，不管路上有车没车，需要全天 24 小时开着，需要每年更换一次。如果这么计算，到底哪种方式成本更低，还说不清。

我国的确有集中力量办大事的制度优势，但是，我们就一定能做得到在所有的道路上都安装上路侧设施吗？到现在为止，我国很多农村公路连标志标线都不全，有没有可能都装上这么高级的路侧感知设备？更重要的是，还需要每年更换一次，还得保证每个设备都实时运行良好、实时精准采集和传输数据。否则，车走到这，没有信号，就走不了了。另外，还有很大的责任：如果出了事故，到底是耳朵和眼睛的问题呢，还是大脑短路了呢？先界定清楚，如果是感知设备、耳朵和眼睛的问题，政府是否要承担责任？

这些感知设备到底放到车上还是放到路侧，这如同是让大家都穿皮鞋呢，还是用牛皮把路都铺起来。毫无疑问，当前比较现实的做法还是让大家都穿鞋。

（四）依靠"聪明的路"，汽车厂商的可能反应与选择

如果把感知设备完全转移到路侧，眼睛和耳朵不在自己身上，得依靠政府，汽车生产厂商会怎样？如果企业把大脑生产好了，眼睛和耳朵还没装好，谁买车呢？如果大脑一直没问题，眼睛和耳朵经常不灵，估计也没有多少人买车。所以，对于汽车生产厂商来说，一定会选择把命运掌握在自己手中，这最可靠。

车路协同还有更高级的一个阶段，那就是把决策系统，也就是大脑从车里也拿出来，由陆上控制中心统一指挥调度，也就是所谓的陆基自动驾驶。车辆只是一个执行者，这是不是变成了"普通的车"＋"聪明的路"？如果这样，那些现在投入了大量资金研究"聪明的车"的高科技企业，就根本没啥事了，这也是不太现实的事情。

(五)车路协同的应用领域与功能

个人认为：对于无人驾驶来说，路侧感知设备的功能，如同当前的路灯：有了一定会更好，没有也可以，但绝不是必需的、完全依赖的。基于这样的功能，对设备的要求、采集和传输的信息等，都与车载感知设备有巨大的差别。如果说一定要在某些领域内尝试一下车路协同的话，可选公交车，或者港区、矿区等，这些固定线路或固定区域内，路侧设施设备也不会很多。

车路协同，用于交通管理、提高路网运行效率，还是很有必要的。例如，无人驾驶汽车与城市红绿灯系统进行信息实时对接，汽车可以提前知道红绿灯的变化，提前采取更合理的加减速行为；红绿灯系统也知道汽车的实时位置和交通流量，采取更科学合理的信号配时方案。即双方相互给对方提供信息，各自做出更科学合理的决策，使得交通更加顺畅。同样，如果是这种功能，所需要的设备和传输的信息，与用于无人驾驶有很大的不同。

(六)5G对于无人驾驶到底有什么特别重大的影响和作用

我国在5G方面全球领先，当前，很多人认为最大可能首先在无人驾驶领域中应用，会助推我国无人驾驶的研发与推广速度。但细想一下，这也是基于车路协同的技术路线。车路协同背景下，车与路之间信息传输的能力和速度确实非常重要，5G就有明显优势。但是，如果是单车智能，不需要太多的信息传输。绝大部分信息都是车载设备采集的，是自己看到、听到的信息，直接进入大脑。其他的功能，如高精地图的更新、跟前后车保持联系、跟红绿灯互通信息等，信息量也不大，5G的优势就体现不出来了。因此，如果是"聪明的车"，5G的作用和影响就没有那么大。

(七)战略性问题，需慎重选择决策

"聪明的车"，还是"＋聪明的路"，这是一个重要的战略性技术路线问题。如果走错了，我国在无人驾驶汽车这个当前万众瞩目、集最高水平人工智能应用的高端制造业上，就可能真的再次失去追赶欧美、实现同时甚至早日登顶的机会。同时，还涉及我国近500万公里的公路要不要提前布局建设路侧感知设施设备，这是以万亿为单位的投资。如果车路协同技术路线不可

行，巨额投资就打水漂了。所以，还是要充分讨论、慎重选择决策。

三、对智能交通问题的几点认识和看法

（一）对新一轮科技革命的认识和判断

全球新一轮科技发展正从信息化、数字化（即信息的采集、传输、存储）开始逐步向利用信息进行思考决策的人工智能过渡。信息化和数字化从原来传统的台式计算机互联网已经发展到手机等移动互联网，同时有更多种、更高精度的数据信息感知采集设备的广泛应用，以及以 5G 为代表的容量更大、更快的信息传输技术。利用大量数据信息进行的人工智能正处于快速发展、即将有较大实际应用价值的关键阶段，包括在企业自动化生产制造领域和智能家居等生活领域，以及政府管理等领域，最为期待的是交通领域的无人驾驶汽车，这也是目前人工智能最好和最有前途的应用场景。

另外，值得注意的一个新趋势是边缘计算，即在数据信息采集的环节，如视频摄像头等终端设备，就对数据信息进行分析处理其至智能化决策，而不是全部上传到数据和决策中心，使得数据存储和决策下沉，从集中式向分布式的转变。这既符合区块链技术分布式的基本原则，同时大幅度地降低了数据传输量。

（二）新技术的应用能改善交通，但不会产生重大变革

智能交通是新技术在交通领域的应用，以提高交通运输出行的安全、效率、舒适性等。智能交通的变化或变革，是指所应用技术的变化和应用的广泛性、深度大小，以及对交通领域产生的影响程度，是否会产生变革性的影响。

数据信息等新技术的应用，改变的是交通运输安全水平、运行效率和服务水平，其根本性的决定因素是交通基础设施的能力和状况。智能交通只是在现有基础上的提升与改善，不会改变交通的本质，包括无人驾驶汽车也不能改变汽车的本质（如果汽车的大小形状和运营组织不发生大的变化），也不会较大程度地改变出行方式和运输结构，因此，很难说智能交通的发展会对未来交通产生革命性的变化。在改变出行方式和运输结构方面，智能交通

发挥的影响作用甚至不如价格、公交绿色出行优先、车辆使用管制等政策措施更有效。

5G对智能交通有促进作用，但不会产生大的影响。5G改变的是信息无线传输的能力和速度。智能交通领域的信息传输大部分是有线传输，交通基础设施和运行状态的固定监测数据大部分是有线传输，载运工具监控数据信息是无线传输；因为边缘计算的出现，大大减少了数据传输的数量，对传输的能力要求不高；在时间上，大部分没有很强的即时性要求，不需要毫秒级的反应。目前看，唯有无人驾驶汽车领域，涉及大量数据的即时反应。如果是车路协同的技术路线，大量的数据信息需要从路侧传到车内，对5G的依赖性就非常强；如果是自主驾驶的技术路线，数据信息感知和人工智能决策基本上都在车载终端，只有极少量的辅助数据信息需要从外部无线传输到车内，5G对其影响较小。

（三）未来推动智能交通发展的重点方向

近些年，在数据信息感知采集方面有了巨大的发展，不管是采集技术还是数据量。在交通领域，已经布设了大量的监控等数据采集设备，建立了较大的监控中心，信息量即大数据已经积累到相当程度，进而也有了较大的应用价值。但不管是在政府层面，还是企业层面，都没有很好打通数据的壁垒，也没有充分挖掘数据的价值。

未来重点是基于用户需求，加强软件系统建设，充分利用好数据信息，真正发挥价值、产生效益。只有数据采集设备和监控平台是没有用的，数据资源放在那儿不产生价值。需要充分利用这些大数据进行分析决策，包括交通规划、交通运行管理、运输服务等各个领域，使交通规划更加科学、运行管理更加高效、决策更加合理、运输服务水平更高。当前，所有交通运输部门、公安交管部门和相关企业的信息化系统、监控中心和平台等，都应该加强数据挖掘应用；同时，也应该对红绿灯等运行和运营管理系统进行升级，以提高交通系统运行效率。

要注重交通基础设施状态感知、智慧灯杆等一体化采集设备和智慧停车等实用系统建设。相对于原来"铁公机"传统交通基础设施，所有的智能交通设施设备都属于"新基建"的范畴。总体来看，既有监控摄像头等固定式数据采集设备已经较多，再加上手机等移动采集设备，针对交通运行管理的数据信息来源已经不是短板。但在新一代5G设备要大规模投入安装这一契机条件下，可统筹整合不同部门、不同行业的视频监控等信息采集和5G等传输设备，以及路灯、充电桩、停车收费等，建设智慧灯杆等信息基础设施设备，这是新一代基础设施一体化的最佳实践。除了交通运行管理，对于桥梁、隧道、铁路、道路等庞大交通基础设施的监控与养护，要想实现智慧化的管理，首先需要相应的感知设备以获取沉降变形等数据信息，这方面的设施设备与系统可进行加强。另外，一些实用并且直接产生经济效益、改善服务水平的设施设备与系统可以加快推进，如停车电子收费与管理系统等。

法治行政手段与市场机制相结合，打通数据壁垒。当前，与其他领域一样，信息壁垒影响了大数据的规模效应和全面系统性，也影响了数据价值的效用，必须尽快予以打破。对于政府掌握的信息数据，应通过法律或行政手段，最大程度对外开放共享；对于企业掌握但政府公共管理所必需的数据，也应通过法律或行政手段接入政府管理平台；对于其他数据信息，要更多利用市场的机制来推进开放共享。

只有数据开放共享，企业主体才能也一定会让运营更加高效、为用户提供高水平的运输服务。最为显著的案例就是当前所说的MaaS，其本质就是政府多年来一直在推动的旅客联程联运、一体化出行服务（同时辅以通过手机与用户即时交互），其背后需要做的核心工作是将目前各种票务信息系统开放，让第三方企业能够为公众提供"一票"服务；同时打通各运营企业主体的信息壁垒，使得在运营层面互联互通和紧密衔接，让乘客体验到"无缝"出行服务。

（四）无人驾驶的技术路线与发展

无人驾驶汽车的技术路线，应以自主驾驶为主，车路协同为辅助。车路协同以改善交通运行管理为主要目的，并为车辆驾驶提供更多的信息，使驾驶更安全。当前无人驾驶的技术瓶颈，不是感知设备的成本问题，不是获取的信息和精细度不够，也不是传输速度的快慢，而是人工智能算法的能力水平，即"大脑"不够聪明。车路协同只是将数据感知设备从车上转移到路侧，没有改变人工智能的根本问题，多了一点数据也不能弥补大脑智商的不足。同时，路侧设备的建设与运营维护还存在不可能完成的任务，以及增加更多网络安全漏洞等难题。

对于无人驾驶乘用车何时到来，难以判断，可能已经不远。无人驾驶汽车具体的技术进度和难点掌握在相关企业中，并且是核心商业机密，难以获得、判断。当前，美国谷歌等头部企业在一些城市中开始了真正的无人驾驶出租车应用，据此判断，技术上总体应该已经看到了曙光，但也不排除因为某一个或几个关键技术突破不了，或因有安全漏洞，很长时间不能真正商用。不管是当前测试还是未来商业推广，在法规政策方面，全球各个国家、城市都在为之广开绿灯，不存在问题。

无人驾驶最有可能首先在快递配送领域应用，即无人配送车，替代当前大量的"快递小哥"。与乘用车相比，城市配送车辆内部没有人，大大降低了对安全的要求，仅需要考虑对外部人员的伤害；同时，在行驶速度方面，没有过高的要求，时速15～20公里甚至更低都能满足要求，这大大降低了对算法的要求，也就使其更容易实现；并且，这种车辆的应用，会直接产生经济效益，更容易推广应用。在这方面，因为网络经济的高度发展，我国具有不可比拟的应用市场和发展环境优势，应重点进行促进和推动。

（五）推动智能交通发展的路径与方式

智能交通与传统的交通基础设施有很大的不同：首先，其需求方、应用主体比较散，且很多是企业而非政府部门；供给方、市场主体更为分散，大部分都是中小企业，一些综合性大企业也只是其中一个事业部，如华为、海康威视等；再有，单个项目规模相对较小，并且智能化系统是不断积累、逐步完善形成的。因此，政府的职责和推动路径、方式也与交通基础设施有所不同。

通过财税等方式鼓励企业技术研发，建立合适的政绩考核机制增大市场需求，做大智慧交通产业。在供给侧，企业作为智能交通技术研发主体，要建立想要的激励机制加以鼓励，如对研发投入减免税收和对高研发投入的重点企业在贷款、上市等金融方面予以更大支持。在市场需求侧，针对政府部门，要改变政绩考核机制，政绩标的物从原来看得见的"铁公机"和城市道路等，转向看不见的交通运行效率、服务水平的提升，从而促进各相关部门更积极地加大智能交通建设，这也符合当前交通运输的发展阶段和转型发展要求。具体需要各相关部门，从行业管理、业务运行的角度，准确提出发展需求，与相关科技企业一起分析研究，选择经济、适用的技术设备与系统。只要企业研发出更经济、实用的新技术，政府加大智能交通建设应用，就可以不断扩大智慧交通产业规模，实现交通与产业的融合发展。

第二节 互联网＋新业态

一、交通新业态发展态势判断与政策取向

随着移动互联网的发展，城市交通领域呈现新业态爆发现象，网约车、共享单车、共享汽车、定制公交和共享停车等层出不穷。随着市场的选择淘汰，大多已经发生了新的变化，应把握未来的发展态势，在监管方面予以适当调整。

新业态没有改变出行方式的本质，也未能改变各自在城市交通中的定位和政府的支持鼓励态度。网约车、共享汽车，本质是小汽车出行。对我国大部分城市，尤其是大城市，网约车、共享汽车不应该成为主要的出行方式。共享单车本质是自行车出行，应该大力提倡和鼓励。定制公交是公交车，是传统公交的一种补充，能有效吸引小汽车人群转移到公交的方式，应积极鼓励。

（一）网约车

目前，网约车市场供需基本平衡，既包括总量，也包括服务的层次性和多元化，已进入存量竞争的阶段。从政府管理的角度，主要推进合规化。对于市场格局，短期内全国出现整体较大变化的可能性不大，个别城市会有一些变化。出租车有较强的地域性，只要当地老百姓能够认可其服务品质，在

所属城市就具有市场竞争力，不必构建全国性平台。以高德和美团优先推出、滴滴等跟进的聚合模式，也使一些中小市场主体有了更大的生存发展空间。远期看，巡游车的改革，未来新旧业态的融合，可能会对整个市场格局产生比较大的影响。巡游车、网约车只是两种不同的交易方式，本质上都是出租车，如果巡游车改革到位，实现网约并且可以灵活定价，当前巡游车市场的运力可能会对整个出租车市场产生较大影响。

（二）汽车共享

汽车共享、汽车分时租赁，本质是租车的互联网化，租车单位由原来以天为单位，变成以小时为单位，甚至以分钟为单位。整个租车行业是朝阳产业，未来会保持比较快速的发展态势，但是互联网化的汽车共享，面对的是传统的巡游出租车和网约车的竞争，与之相比较，它的竞争力不强。首先，在便捷性方面，从老百姓感受来讲，必须要有一定的数量规模。这方面，汽车共享很难达到目前出租车和网约车的规模，不管是资本的占用，还是大城市的小汽车限购以及停车位等方面，都会有比较大的局限。对于价格，共享汽车，虽然是乘客自己开车、节省了人工，但也增加了停车费。从服务的层次和品质来说，现在的出租车包括网约车，服务也是多元化的；汽车共享，因为无人看管，车内卫生整洁度、品质很难保障。因此，汽车共享一直没有大的发展，未来也应该更多的是针对特定的场景和特定的人群。作为一个不应该鼓励的、市场化的产物，政府无须为之提供停车等直接和间接的支持，但在违章处理、社会信用等方面，应为其市场的健康发展提供条件。

（三）共享单车

共享单车，现在已经进入理性的发展阶段。有的共享单车企业已经逐步退出市场，有的从中小城市慢慢向大城市推进，有的在不断地稳固自己的市场地位，市场格局调整中逐步固化。在这种理性的发展阶段，有两个问题值得探讨和商榷。

首先，城市是否还需要对共享单车进行总量控制？前两年，共享单车处于野蛮生长阶段，几个平台为了扩大自己的市场份额，大量投放车辆。在那个阶段，部分城市实施暂停投放的措施是必要的。现在，市场主体投放车辆均在考虑车辆利用率、考虑收益率，还需要总量控制吗？如果在投入方面还有一定的限制或控制，对不同的市场主体是不是能够做到一视同仁、保持公平的市场发展环境，也值得关注。

其次，政府是否应该对这个行业采取合适的形式进行必要的财力支持。当前这个行业进入非常艰难的时期，能不能仅靠收费就能够保持财务上可持续，保持行业健康发展，值得关注。如果不能，政府是否需要给予一定程度的补贴或者政府购买服务，以支持这个行业的健康发展。公共交通有一定的补贴，更绿色的自行车出行方式，是否也可以进行一定的补贴？原来政府推动的公共自行车，政府投入了大量的财力，这种新的、通过市场方式实现的、得到了老百姓认可的方式，就不该进行财政上的支持吗？如果共享单车慢慢缩减，在推动自行车回归的大背景下，是一件很遗憾的事情，政府也是有责任的。

此外，政府应进一步改善自行车出行环境。近两年，随着共享单车的发展，很多城市做出了努力，但其最核心、最关键的环节还没做到位。比如，在地铁站周边等最需要停放的地方，并未设置充足的停车位；在办公楼、居住区等最方便取用的地方，未设置自行车停车位；在骑行过程中，最重要的不是有自行车道，而是自行车道不被小汽车挤占，这方面的执法力度还远远不够。如果这些方面都做到位，自行车、共享单车，不管是在大城市，还是中小城市都还有较大的发展空间。

（四）订制公交

订制公交总体发展不是特别好。订制公交的发展主要取决于政府的支持力度，包括市场化的主体能否享受普通公交同等的出行条件，如使用公交专用道和站点、价格能否放开。如果定制公交是更市场化的事物，那么整个公共交通就并非全部都是公益性的，在公共交通里有一小部分是市场化的，这个问题值得研究。教育、医疗等总体上是公益性的领域，其实也有非公益性的成分或者有市场化的成分。在订制公交方面，政府应尽快明确态度，制定相应的规则，引导市场健康发展。

（五）互联网停车共享

互联网停车共享出现得很早，但一直没有发展起来。主要是与网约车、共享单车不一样,它必须要利用既有的停车资源。而停车场的所有者和经营者,不管是住宅、商场、机关事业单位,还是路侧停车场、公共停车场,都没有很强的意愿把自己的停车位共享出来,这是制约发展的根本原因。

近两年,停车电子收费快速发展,对互联网停车共享有一定的推动。当前,不少城市在推进路内停车电子收费,可以此建立停车诱导平台,进一步推动停车共享。停车共享有潜力,也有限度,但无法真正解决停车难问题。更重要的是,停车共享不能主要靠政府的鼓励或者行政手段去推动,更多要通过市场机制和力量来推动。现在停车位的所有者、经营者不愿意把自己的停车位拿出来共享,是因为对他们来说,停车共享给他们的管理、安全等方面带来更大的麻烦,而取得的收益过低,不足以与其付出相匹配,激励不够。未来一定要通过市场的力量,通过价格的上调,使之取得更大的收益,以推动共享。对于机关、事业单位以及国有企业等停车资源,可以通过行政手段推动开放共享。

(六)线上平台聚合

当前,整个城市交通乃至全国范围内的出行体系或出行业态,线上不断整合推进。网约车、共享单车、导航服务,以及票务服务,均在向综合性的出行信息平台、出行服务平台迈进。这迎合了用户习惯,为用户在一个平台上解决所有的出行问题创造了环境和条件。线上平台的聚合相对比较容易,但做好线下服务较难。不管是网约车还是共享单车,当前的竞争已经明显体现出是线下服务质量的竞争。如果线下整合质量提升,能提供全过程一体化出行服务,将有力推动各环节的整合,包括基础设施设备、运营以及票务、财务清算等。当前市场热议的 Maas,与政府一直推动的旅客联程联运具有一致性,为依靠市场的力量探索了新路径。

(七)无人驾驶

无人驾驶可能会对整个出行体系、出行生态带来较大影响。也有一种忧虑,无人驾驶汽车推广后,如果汽车的形状、运行组织没有发生大的变化,交通拥堵不仅依然存在甚至更严重。因为无人驾驶可以在一定程度上提高道路通行能力,但提高的幅度不会很大,而因为不需要驾驶、在车上更轻松,会有更多的人愿意小汽车出行,造成更严重的拥堵。对于出行生态而言,无人驾驶以后,网约车、巡游车、租车、汽车共享将形态趋同,会带来市场格局大调整。其中,市场规模主要取决于小汽车购买意愿,以及购买服务的意愿。大部分人对"不求所有、只求有用"比较乐观,但车辆拥有和无人驾驶之间的逻辑关系是什么?值得研究。比较可能的是,无人驾驶以后打车或网约车会价格更低一些,会影响自己拥有车辆。从国内外经验看,小汽车不仅仅是个交通工具,其个人"移动空间"的属性较强,很多人愿意按照自己的喜好进行装饰,喜欢把运动装备放在车里以备随时使用;无人驾驶网联化后,内部的信息系统、办公环境等都可跟个人手机、电脑高度关联,个人"移动空间"的属性更强,又会促使人们拥有车辆。因此,出行服务的市场空间,不一定会像大多数人想象的那么大。

二、创新"互联网+"交通运输发展模式和监管方式

(一)移动互联网与交通运输的融合,正在彻底改变交通运输发展生态

互联网已经对交通运输产生了很大的影响,未来随着更广泛、深入的融合,必将产生更大的影响和改变。

1. 移动互联网改变了信息收集手段,使互联网企业构建全国交通信息平台成为可能

移动互联网、物联网等使旅客、货物、运输工具等要素成为新的数据采集源,改变了原有的信息收集手段。例如,城市道路、公路交通量等数据采集,最初由埋在地下的感应线圈、监控视频等固定检测设备完成,后来基于装有 GPS 的出租车所产生的浮动车数据,而目前每个使用高德或百度等电子导航软件的驾驶员和使用打车软件的出租车司机,既是信息使用者,也是信息提供者,这些平台都可以实时获取道路拥挤状况等数据,而且其数据源的数量规模远远超过浮动车数据,使加工的交通拥堵信息具有更高准确性;其次,其数据源在地域范围上不存在壁垒,涵盖了全国所有城市和公路网络,因此直接建立了全国范围内的道路交通状况和导航平台,避免了原有模式下各地区、城市平台间的整合。这种精度更高、适用全国、由企业建立的

交通信息引导平台，打破了过去交通信息主要来源于政府的状况，已经受到公众的广泛认可。

2. 移动互联网实现了供需双方信息实时对接，可按预约需求提供更为个性化、人性化的运输服务

在移动互联网背景下，旅客和货主作为需求方，随时发出客货运输需求信息，通过网络平台与供给方（运输企业）实现直接、实时对接；运输企业在运输组织方面及时按需求状况提供相应服务，改变了原来按固定需求、计划排班，甚至毫无计划的组织模式。例如，定制公交受到广泛欢迎并得到迅速发展；又如，打车软件、"专车"等方式，使预约逐步替代出租车巡游扬招方式而成为主流运营模式。

3. 互联网平台整合了供需双方海量资源，使集约化的运输组织、共享理念得到更好的实现

在互联网平台上，同时集中了海量的出行或货运需求，也汇集了海量的车辆等供给要素资源，必然会实现更集约的运输组织方式，也更容易实现资源的共享。例如，以滴滴、快的为代表的出租车打车软件平台降低了出租车的空驶率；路歌管车宝等货运平台促进供需双方对接从而提高了货车利用率；汽车共享平台提高了私家车使用率；互联网拼车平台推动了拼车、顺风车发展等。要素资源的集约、共享带来的效益是互联网交通自身持续发展的动力源泉。

4. 互联网交通平台催生了新的组织方式，一定程度上改变了运输市场的主体结构

交通运输业具有典型的规模经济效益，企业规模越大，集约性越强，效益越好，因此各运输企业都努力做大。互联网平台的出现在很大程度上实现了企业功能整合，平台上所有的运营主体成为一个大联盟，平台也作为一个品牌赢得了旅客、货主的认可和信任；互联网交通平台企业还可进行运输组织调度、诚信体系考核等，成为"无车承运人"。互联网平台有效整合了小微运输企业，"大数据平台＋小微企业"的模式更有利于小微企业、个体经营的发展，逐步形成若干互联网企业与大量实体运输经营户相结合的运输组

织形态。

5. 互联网平台在推动要素资源共享的同时，模糊了营运与非营运的界限

互联网交通平台最大的作用和效益是整合要素资源，不论是租赁公司车辆还是私家车，都可以通过汽车租赁或汽车共享形式加入平台，实现车辆的集约利用。按照"车辆＋驾驶员"两个要素组合，可以分别为出租车、约租车、顺风车或拼车，其所提供的服务相近。由此，互联网平台使专职与兼职、营运与非营运的界限逐步模糊、难以界定。

6. 互联网平台企业集成了各种出行信息和票务购买功能，逐步成为真正的综合出行信息平台

例如，高德等电子地图软件，不但可以为车辆导航，还可以提供公交、地铁线路以及火车站、机场等各种信息，引导各种交通方式出行；通过携程等网站，可以购买飞机票、火车票以及租车等。这些互联网平台以大众的出行需求为目标，实现了各种出行方式的信息指引和票务购买，并整合了饮食、住宿、游玩等其他各种功能，与理想的综合交通出行信息平台越来越近。此外，移动支付的快速发展，使全国范围内、各种交通出行统一收费变得更为简单和可能，例如 ETC 实现了过路费银行卡统一支付；滴滴、快的实现了出租车费手机移动支付。目前全国已有上海、杭州等 12 个城市通过支付宝钱包同步上线"城市服务"，包括交通快速处理业务等。

（二）互联网交通产业发展潜力巨大，市场竞争和发展主导权争夺激烈

互联网尤其是移动互联网与交通产业的融合，撬动了行业的快速发展；用户基础广泛使得互联网交通成为"互联网＋"首要争夺的阵地；资源集约共享带来的巨大经济社会效益产生了巨大的市场潜力，支撑着持续发展；新兴业态生态浩大，前景广阔，需要各方共同努力，推动健康发展。

1. 移动互联网撬动行业快速发展

以淘宝、阿里巴巴为代表的网上交易技术目前已经日臻成熟，但对交通运输来说，提供的是客货位移服务，运输工具和旅客、货物都是移动的；旅客出行需求还可能随时变化，货主也需要掌握货物的实时信息，这都是以台

式计算机为终端的传统互联网难以实现的。而以手机为终端的移动互联网对交通运输产生了革命性影响,如各种互联网打车、"专车"、拼车、汽车共享、停车诱导等技术快速发展,使互联网交通出现了质的变化。

2. 行业特性决定互联网交通成为"互联网+"的竞争首选

交通出行作为人们必不可少的日常生活内容,涉及人群广,是互联网企业争夺客户资源的重要领域。互联网企业经营的关键是规模经济,因此,对互联网平台企业而言,客户数量至关重要,在互联网企业发展初期,无不以扩大客户数量为首要目标。例如,互联网打车平台企业——滴滴、快的两家公司,去年的"烧钱大战"主要是为自己和背后支撑的移动支付企业争夺客户,培养出租车乘客约租和移动支付的习惯。互联网交通易于培养庞大客户群体的特点,使得在交通运输领域人士看来毫无营利的事物,互联网企业也积极地去进入和开拓。如百度、高德等电子导航平台,就是通过提供免费、便利的出行信息,赢得客户的信用和使用,从交通以外的业务获取利润。

3. 资源集约共享产生巨大市场潜力

要素资源的充分利用和集约化发展带来的价值是推动互联网交通持续发展的主要因素。在交通运输领域,大量资源没有得到充分利用:货运车辆和出租车都存在较高的空驶率、私家车的时间利用率不到5%、许多停车泊位出现空闲等。如果将这些资源集约利用就会直接带来巨大的经济效益,如互联网打车、汽车共享、拼车等。另外,电子导航的应用使交通流量更均衡分布,道路资源利用更充分,既方便了出行者,节省了时间,还减少了油耗和环境污染,经济效益和社会效益十分显著。

(三)顺应互联网交通发展新要求,创新政府监管方式

互联网交通实现了供需双方信息的实时交换,大数据促成精准匹配,由此改变了运输交易、组织方式,影响着运输生产经营模式,极可能成为颠覆传统发展方式的先导领域。而且市场潜力巨大,发展非常迅速,生态浩大,交通运输企业和市场必须做好准备,把握新的发展机遇;政府行业管理部门也应顺势而为,紧跟发展态势,在鼓励创新的原则下,加强引导,创新监管方式。

1. 充分利用互联网交通特点与优势，推动行业改革

互联网交通企业新的组织形式使小微企业、个体进入行业更加简单容易，降低了市场准入门槛。这既对传统的市场主体、市场格局提出了挑战，也为行业的改革和发展带来机遇。一方面，政府应利用该契机加快推动行业改革，如利用预约出租车即"专车"的发展，推动传统出租车行业的改革。其次，应基于互联网改变了运输供需双方信息不对称的状况，对行业内部管理进行改革，如互联网使得预约出租车供需双方双向选择成为可能，价格管制、禁止挑活等规定变得不再重要。另一方面，充分利用其行业整合的特点，推进行业向更合理的方向健康发展，如发展互联网维修企业，推进汽车维修业向连锁、规模、品牌化发展；利用互联网道路货运企业对市场主体进行整合，以市场手段有效解决道路货运"小、散"问题，推动其向规模化、网络化发展。

2. 准确判定企业主体和业务属性，分类管理

首先，互联网交通平台企业不仅仅是供需双方信息交流的平台，而且作为运输服务组织者，统一服务品牌参与运输生产经营活动，因此应将其作为运输企业范畴纳入行业管理。其次，由于互联网交通发展使部分运输的营运与非营运界限模糊，应加强区分界定和分类管理。对于营运性的业务，如互联网专车、互联网维修，可以实行注册备案制，但资源要素必须是营运性，如车辆必须是营运车辆、人员必须具有相应的执业资格，并按相应的法规政策进行管理；对于非营运性行为，如汽车共享、顺风车等，也要明确管理部门及职责，利用既有或修改、制定新的法律法规进行管理，规范相关行为，明确在出现纠纷时的相关法律。

3. 明确界定各参与主体的责任，预防行业垄断行为

互联网交通企业一般采用"平台＋实体"的线上线下运作组织方式，应明确该组织模式下各参与主体的权利与责任。互联网平台企业作为运输组织者，应对运输服务的客户全权负责，并确定其他参与者的权责，这种权责划分在企业层面应有明确规定且公平合理，以便出现纠纷时政府能够起到裁判员的角色，并有法可依。互联网交通企业的核心是整合资源实现共享效益，

规模越大，匹配更精确、及时，效益也越大，因此，各互联网平台在发展初期都会通过各种手段争夺用户，这种新的组织方式也决定了其很容易产生垄断，在每个领域最终可能只剩下若干个甚至一两个企业，形成寡头垄断甚至独家垄断。政府管理应从推动行业规模化发展逐步转向避免垄断以及对垄断行为的监管。

4. 以要素、行为为监管对象，强化部门间协同

互联网交通企业多为跨界综合性企业，如携程、高德等，难以确定其唯一归属的行业和监管部门。政府应改变原来以企业主体性质进行监管的方式，而是针对其要素和行为进行监管。互联网主要改变的是交易方式，也在一定程度上改变了生产运营方式，但没有改变实现运输服务的要素和生产运营的活动本身。交通运输行业监管应更多地针对要素和生产活动，如人员是否具有行业资格条件、车辆是否符合行业标准、运营行为是否符合规范和环保要求等。对于互联网交通平台企业，必须接入政府监管平台，并公开必要的信息，以保障政府能够对运输服务进行监督。更加综合的企业、监管对象的细分必然涉及更多的监管部门，需要各部门协同配合、快速响应、联动处置，形成监管合力。

5. 更多借助外力实现全国交通"一卡通"

费用支付也是交通出行的重要环节，推动"一卡通"是实现便捷出行的重要举措，包括全国范围内的公交一卡通，并在出租车、共享自行车等领域使用，进而推广到道路客运、铁路等各种出行方式，以及与高速公路ETC的整合等。相比现在传统的交通"一卡通"形式和推广模式，通过金融行业、移动支付的方式在全国范围内、各个领域进行应用推广更为简单易行，减少了中间的平台和结算手续，出行者也更便捷。当前的一些移动支付、银行卡支付是将原有交通卡芯片进行移植，因而完全可以将其功能整合到同一芯片和系统中，真正实现交通卡与银行卡等的合一。目前手机支付宝已可以在全国出租车上实现移动支付，在交通行业其他领域应用也没有技术难度。

6. 开放信息数据，推动企业构建交通出行信息平台

自从推动交通信息化工作以来，各级政府一直致力于构建综合交通信息

平台，但成效甚微。而在互联网推动下，利用市场化手段主要由企业依靠自身力量获取信息资源、建立交通出行信息平台，取得了巨大成功。同时，多年来，政府在交通信息化方面建立了许多信息采集手段，其很多信息源是企业层面通过其他方式难以获取的，如公交车的定位信息等，这些信息对进一步完善综合信息平台非常重要。因此，未来在交通信息化方面，一要积极推动政府部门的信息数据对外开放，二要构建企业平台，采取政企合作模式加以推进，这将是综合交通出行信息平台发展的可行之路。

7. 运用大数据、购买信息服务，提升政府交通治理能力

以企业为主导建立的交通出行信息平台，除服务公众外，为增加盈利点和影响力，有较强的意愿和动力进行大数据的挖掘、分析，为政府和企事业单位服务。政府行业主管部门可以通过定制等形式，向企业购买信息资源及咨询服务，如各城市的拥堵指数、公交车和出租车等的运营状况、全国范围内黄金周以及日常的客运出行分布等。通过对这种客观采集的大数据进行数据与实证分析，可以有效地增强决策的精准性、预见性和公平性，也是提升政府管理服务水平的技术手段创新。

互联网尤其是移动互联网与交通运输的融合发展，对交通运输产生的重大变革和影响，政府与企业应加强合作，抓住技术革命和产业转型升级的历史机遇，通过行业面貌的改变、产业形态的更新和政府管理的创新，实现交通运输在互联网大背景下的更新改造，加快转变为"互联网＋"行动的先导产业。

参考文献

[1] 宋明磊，王威，陈曦. 交通运输经济与物流业发展［M］. 延吉：延边大学出版社，2024.

[2] 景鹏，潘公宇，高林杰. 普通高等教育交通类专业系列教材运输系统规划与设计［M］. 北京：机械工业出版社，2024.

[3] 徐纪刚，李庆华，刘静. 交通运输经济与决策研究［M］. 北京：线装书局，2024.

[4] 袁义华. 交通运输经济与物流管理［M］. 长春：吉林出版集团股份有限公司，2024.

[5] 许岩，李霄含，邵颖丽. 数字经济对交通运输碳排放强度的影响效应和作用机制［M］. 北京：中国商务出版社，2024.

[6] 马兆芝，朱虹，李媛媛. 道路交通运输与经济发展探索［M］. 长春：吉林科学技术出版社，2023.

[7] 薛燕，孙佳鑫，曹威. 交通运输经济发展研究［M］. 延吉：延边大学出版社，2023.

[8] 魏金丽，张萌萌，陈秀锋. 交通系统分析及优化［M］. 北京：北京理工大学出版社，2023.

[9] 刘武君. 交通与城市规划丛书门户型交通枢纽与城市空间规划［M］. 上海：同济大学出版社，2023.

[10] 李国政. 交通强国战略下民航业高质量发展研究［M］. 成都：四川大学出版社，2023.

[11] 王辉，刘宏刚，罗奋. 交通运输与经济发展［M］. 长春：吉林人

民出版社，2022.

[12] 胡晓伟，王健. 运输技术经济学［M］. 哈尔滨：哈尔滨工业大学出版社，2022.

[13] 唐娜. 交通运输与中国经济地理的重塑［M］. 武汉：华中科技大学出版社，2022.

[14] 赵鲁华，单秀娟，张俊明. 交通运输工程［M］. 成都：西南交通大学出版社，2022.

[15] 何杰，鲍香台. 高等学校交通运输专业"十四五"规划系列教材 运输组织学［M］. 3版. 南京：东南大学出版社，2022.

[16] 帅斌，王宇，霍娅敏. 交通运输经济［M］. 2版. 成都：西南交通大学出版社，2021.

[17] 李红华，周文俊，吉立爽. 公路交通运输与经济发展研究［M］. 西安：陕西旅游出版社，2020.

[18] 孙亚平. 交通工程学［M］. 北京：北京理工大学出版社，2020.

[19] 彭仲仁. 交通引领城市可持续发展［M］. 上海：上海交通大学出版社，2020.

[20] 崔瑞婷. 基于"互联网＋"的交通运输经济发展研究［J］. 运输经理世界，2023，(31)：53－55.

[21] 孙新宇. 试论交通运输与经济发展的关系［J］. 现代经济信息，2022，(29)：23－25.

[22] 韩剑. 基于"互联网＋"的交通运输经济发展思考［J］. 品牌研究，2022，(21)：189－192.

[23] 赵正霞. 探讨交通运输经济发展的难题［J］. 商业观察，2022，(7)：37－39.

[24] 盛艳. 智能交通系统对交通运输经济发展的影响［J］. 运输经理世界，2024，(17)：41－44.

[25] 潘乐芝. 浅议交通运输经济发展管理要点［J］. 环球市场，2021，(35)：1－2.

［26］单刚刚. 交通运输经济发展的重要意义及发展方向探讨［J］. 活力, 2023, (13): 196-198.

［27］程卫明. 我国交通运输经济发展现状及发展对策［J］. 经济技术协作信息, 2023, (11): 13-15.

［28］刘琳. 交通运输经济发展管理要点的创新策略研究［J］. 城市建设理论研究（电子版）, 2023, (10): 122-124.

［29］陈古强. 浅谈交通运输与经济发展的相互关系［J］. 经济研究导刊, 2020, (22): 23-24.

［30］刘玉强, 吕玉花. 智能交通系统对交通运输经济发展的影响［J］. 中国市场, 2022, (11): 158-160.

［31］纪海涛. 交通运输经济发展中存在的问题及对策分析［J］. 大众投资指南, 2022, (7): 194-196.

［32］洪新民. 新时代交通运输经济发展的难题及改善措施［J］. 经济师, 2022, (1): 285-286.

［33］吴春兰. 交通运输与经济发展之间的关系研究［J］. 支点, 2023, (9).

［34］安玲. 新时代交通运输经济发展思考［J］. 当代县域经济, 2023, (5): 76-78.

［35］赵常安. 试论交通运输与经济发展的关系［J］. 全国流通经济, 2019, (25): 122-123.